PREFACIO

La colección de guías de conversación para viajar "Todo irá bien" publicada por T&P Books está diseñada para personas que viajan al extranjero para turismo y negocios. Las guías contienen lo más importante - los elementos esenciales para una comunicación básica.Éste es un conjunto de frases imprescindibles para "sobrevivir" mientras está en el extranjero.

Esta guía de conversación le ayudará en la mayoría de los casos donde usted necesite pedir algo, conseguir direcciones, saber cuánto cuesta algo, etc. Puede también resolver situaciones difíciles de la comunicación donde los gestos no pueden ayudar.

Este libro contiene muchas frases que han sido agrupadas según los temas más relevantes.También encontrará un mini diccionario con palabras útiles - números, hora, calendario, colores…

Llévese la guía de conversación "Todo irá bien" en el camino y tendrá una insustituible compañera de viaje que le ayudará a salir de cualquier situación y le enseñará a no temer hablar con extranjeros.

TABLA DE CONTENIDOS

T&P Books Publishing

T&P Books Publishing

GUÍA DE CONVERSACIÓN
POLACO

LAS PALABRAS Y LAS FRASES MÁS ÚTILES

Esta Guía de Conversación contiene las frases y las preguntas más comunes necesitadas para una comunicación básica con extranjeros

Andrey Taranov

T&P BOOKS

Guía de conversación + diccionario de 250 palabras

Guía de conversación Español-Polaco y mini diccionario de 250 palabras

por Andrey Taranov

La colección de guías de conversación para viajar "Todo irá bien" publicada por T&P Books está diseñada para personas que viajan al extranjero para turismo y negocios. Las guías contienen lo más importante - los elementos esenciales para una comunicación básica. Éste es un conjunto de frases imprescindibles para "sobrevivir" mientras está en el extranjero.

También encontrará un mini diccionario con 250 palabras útiles necesarias para la comunicación diaria - los nombres de los meses y de los días de la semana, medidas, miembros de la familia, y más.

T&P Books Publishing
www.tpbooks.com

ISBN: 978-1-78492-628-1

Este libro está disponible en formato electrónico o de E-Book también.
Visite www.tpbooks.com o las librerías electrónicas más destacadas en la Red.

PRONUNCIACIÓN

La letra	Ejemplo polaco	T&P alfabeto fonético	Ejemplo español

Las vocales

A a	fala	[a]	radio
Ą ą	są	[ɔ̃]	[o] nasal
E e	tekst	[ɛ]	mes
Ę ę	pięć	[ɛ̃]	[e] nasal
I i	niski	[i]	ilegal
O o	strona	[ɔ]	costa
Ó ó	ołów	[u]	mundo
U u	ulica	[u]	mundo
Y y	stalowy	[ɪ]	abismo

Las consonantes

B b	brew	[b]	en barco
C c	palec	[ts]	tsunami
Ć ć	haftować	[tɕ]	mapache
D d	modny	[d]	desierto
F f	perfumy	[f]	golf
G g	zegarek	[g]	jugada
H h	handel	[h]	registro
J j	jajko	[j]	asiento
K k	krab	[k]	charco
L l	mleko	[l]	lira
Ł ł	głodny	[w]	acuerdo
M m	guma	[m]	nombre
N n	Indie	[n]	número
Ń ń	jesień	[ɲ]	leña
P p	poczta	[p]	precio
R r	portret	[r]	era, alfombra
S s	studnia	[s]	salva
Ś ś	świat	[ɕ]	China

La letra	Ejemplo polaco	T&P alfabeto fonético	Ejemplo español
T t	taniec	[t]	bestia
W w	wieczór	[v]	travieso
Z z	zachód	[z]	desde
Ź ź	żaba	[ʑ]	tadzhik
Ż ż	żagiel	[ʒ]	adyacente

Las combinaciones de letras

ch	ich, zachód	[h]	mejicano
ci	kwiecień	[tɕ]	porche
cz	czasami	[tʃ]	mapache
dz	dzbanek	[dz]	inglés kids
dzi	dziecko	[dʑ]	tadzhik
dź	dźwig	[dʑ]	tadzhik
dż	dżinsy	[j]	asiento
ni	niedziela	[ɲ]	leña
rz	orzech	[ʒ]	adyacente
si	osiem	[ɕ]	China
sz	paszport	[ʃ]	shopping
zi	zima	[ʑ]	tadzhik

Comentarios

˙ Las letras **Qq, Vv, Xx** se emplean en palabras prestadas solamente

LISTA DE ABREVIATURAS

Abreviatura en español

adj	-	adjetivo
adv	-	adverbio
anim.	-	animado
conj	-	conjunción
etc.	-	etcétera
f	-	sustantivo femenino
f pl	-	femenino plural
fam.	-	uso familiar
fem.	-	femenino
form.	-	uso formal
inanim.	-	inanimado
innum.	-	innumerable
m	-	sustantivo masculino
m pl	-	masculino plural
m, f	-	masculino, femenino
masc.	-	masculino
mat	-	matemáticas
mil.	-	militar
num.	-	numerable
p.ej.	-	por ejemplo
pl	-	plural
pron	-	pronombre
sg	-	singular
v aux	-	verbo auxiliar
vi	-	verbo intransitivo
vi, vt	-	verbo intransitivo, verbo transitivo
vr	-	verbo reflexivo
vt	-	verbo transitivo

Abreviatura en polaco

ż	-	sustantivo femenino
ż, l.mn.	-	femenino plural
l.mn.	-	plural
m	-	sustantivo masculino
m, ż	-	masculino, femenino

| m, l.mn. | - | masculino plural |
| n | - | neutro |

T&P BOOKS

GUÍA DE CONVERSACIÓN POLACO

Esta sección contiene frases
importantes que pueden
resultar útiles en varias
situaciones de la vida real.
La Guía le ayudará a pedir
direcciones, aclaración
sobre precio, comprar billetes,
y pedir alimentos en un
restaurante

T&P Books Publishing

CONTENIDO DE LA GUÍA DE CONVERSACIÓN

Lo más imprescindible

Perdone, ...	**Przepraszam, ...** [pʃɛ'praʃam, ...]
Hola.	**Witam.** ['vʲitam]
Gracias.	**Dziękuję.** [dʑiɛŋ'kujɛ]

Sí.	**Tak.** [tak]
No.	**Nie.** [ɲɛ]
No lo sé.	**Nie wiem.** [ɲɛ 'vʲɛm]
¿Dónde? | ¿A dónde? | ¿Cuándo?	**Gdzie? | Dokąd? | Kiedy?** [gdʑɛ? | 'dɔkɔnt? | 'kʲɛdi?]

Necesito ...	**Potrzebuję ...** [pɔtʃɛ'bujɛ ...]
Quiero ...	**Chcę ...** ['xtsɛ ...]
¿Tiene ...?	**Czy jest ...?** [tʃi 'jɛst ...?]
¿Hay ... por aquí?	**Czy jest tutaj ...?** [tʃi 'jɛst 'tutaj ...?]
¿Puedo ...?	**Czy mogę ...?** [tʃi 'mɔgɛ ...?]
..., por favor? (petición educada)	**..., poproszę** [..., pɔ'prɔʃɛ]

Busco ...	**Szukam ...** ['ʃukam ...]
el servicio	**toalety** [tɔa'lɛti]
un cajero automático	**bankomatu** [bankɔ'matu]
una farmacia	**apteki** [a'ptɛkʲi]
el hospital	**szpitala** [ʃpʲi'tala]

la comisaría	**komendy policji** [kɔ'mɛndi pɔ'ʎitsji]
el metro	**metra** ['mɛtra]

un taxi	**taksówki** [ta'ksufkʲi]
la estación de tren	**dworca kolejowego** ['dvɔrtsa kɔlɛjɔ'vɛgɔ]

Me llamo ...	**Mam na imię ...** [mam na 'imʲiɛ ...]
¿Cómo se llama?	**Jak pan /pani/ ma na imię?** ['jak pan /'paɲi/ ma na 'imʲiɛ?]
¿Puede ayudarme, por favor?	**Czy może pan /pani/ mi pomóc?** [ʧi 'mɔʒɛ pan /'paɲi/ mʲi 'pɔmuts?]
Tengo un problema.	**Mam problem.** [mam 'prɔblɛm]
Me encuentro mal.	**Źle się czuję.** [ʑlɛ ɕiɛ 'ʧujɛ]
¡Llame a una ambulancia!	**Proszę wezwać karetkę!** ['prɔʃɛ 'vɛzvaʨ ka'rɛtkɛ!]
¿Puedo llamar, por favor?	**Czy mogę zadzwonić?** [ʧi 'mɔgɛ za'dzvɔɲiʨ?]

Lo siento.	**Przepraszam.** [pʃɛ'praʃam]
De nada.	**Proszę bardzo.** ['prɔʃɛ 'bardzɔ]

Yo	**ja** ['ja]
tú	**ty** ['ti]
él	**on** [ɔn]
ella	**ona** ['ɔna]
ellos	**oni** ['ɔɲi]
ellas	**one** ['ɔnɛ]
nosotros /nosotras/	**my** ['mɨ]
ustedes, vosotros	**wy** ['vɨ]
usted	**pan /pani/** [pan /'paɲi/]

ENTRADA	**WEJŚCIE** ['vɛjɕʨɛ]
SALIDA	**WYJŚCIE** ['vijɕʨɛ]
FUERA DE SERVICIO	**NIECZYNNY** [ɲɛ'ʧinnɨ]
CERRADO	**ZAMKNIĘTE** [za'mkɲiɛntɛ]

ABIERTO	**OTWARTE** [ɔ'tfartɛ]
PARA SEÑORAS	**PANIE** ['paɲɛ]
PARA CABALLEROS	**PANOWIE** [pa'nɔvʲɛ]

Preguntas

¿Dónde?	**Gdzie?** [gdʑɛ?]
¿A dónde?	**Dokąd?** ['dɔkɔnt?]
¿De dónde?	**Skąd?** ['skɔnt?]
¿Por qué?	**Dlaczego?** [dla'ʧɛgɔ?]
¿Con que razón?	**Dlaczego?** [dla'ʧɛgɔ?]
¿Cuándo?	**Kiedy?** ['kʲɛdɨ?]

¿Cuánto tiempo?	**Jak długo?** ['jag 'dwugɔ?]
¿A qué hora?	**O której godzinie?** [ɔ 'kturɛj gɔ'dʑiɲɛ?]
¿Cuánto?	**Ile kosztuje?** ['ilɛ kɔ'ʃtujɛ?]
¿Tiene ...?	**Czy jest ...?** [ʧɨ 'jɛst ...?]
¿Dónde está ...?	**Gdzie jest ...?** [gdʑɛ 'jɛst ...?]

¿Qué hora es?	**Która godzina?** ['ktura gɔ'dʑina?]
¿Puedo llamar, por favor?	**Czy mogę zadzwonić?** [ʧɨ 'mɔgɛ za'dzvɔɲiʨ?]
¿Quién es?	**Kto tam?** [ktɔ tam?]
¿Se puede fumar aquí?	**Czy mogę tu zapalić?** [ʧɨ 'mɔgɛ tu za'paʎiʨ?]
¿Puedo ...?	**Czy mogę ...?** [ʧɨ 'mɔgɛ ...?]

Necesidades

Quisiera ...	**Chciałbym /Chciałabym/ ...** ['xtɕawbim /xtɕa'wabim/ ...]
No quiero ...	**Nie chcę ...** [ɲɛ 'xtsɛ ...]
Tengo sed.	**Jestem spragniony /spragniona/.** ['jɛstɛm spra'gɲɔni /spra'gɲɔna/]
Tengo sueño.	**Chce mi się spać.** ['xtsɛ mʲi ɕɛ 'spatɕ]

Quiero ...	**Chcę ...** ['xtsɛ ...]
lavarme	**umyć się** ['umitɕ ɕɛ]
cepillarme los dientes	**umyć zęby** ['umitɕ 'zɛmbi]
descansar un momento	**trochę odpocząć** ['trɔxɛ ɔ'tpɔtʃɔntɕ]
cambiarme de ropa	**zmienić ubranie** ['zmʲɛɲitɕ u'braɲɛ]

volver al hotel	**wrócić do hotelu** ['vrutɕitɕ dɔ xɔ'tɛlu]
comprar ...	**kupić ...** ['kupʲitɕ ...]
ir a ...	**iść ...** ['iɕtɕ ...]
visitar ...	**odwiedzić ...** [ɔ'dvʲɛdʑitɕ ...]
quedar con ...	**spotkać się z ...** ['spɔtkatɕ ɕɛ s ...]
hacer una llamada	**zadzwonić** [za'dzvɔɲitɕ]

Estoy cansado /cansada/.	**Jestem zmęczony /zmęczona/.** ['jɛstɛm zmɛ'ntʃɔni /zmɛ'ntʃɔna/]
Estamos cansados /cansadas/.	**Jesteśmy zmęczeni /zmęczone/.** [jɛs'tɛɕmi zmɛ'ntʃɛɲi /zmɛ'ntʃɔnɛ/]
Tengo frío.	**Jest mi zimno.** ['jɛst mʲi 'zimnɔ]
Tengo calor.	**Jest mi gorąco.** ['jɛst mʲi gɔ'rɔntsɔ]
Estoy bien.	**W porządku.** [f pɔ'ʒɔntku]

Tengo que hacer una llamada.

Muszę zadzwonić.
['muʃɛ za'dzvɔɲitɕ]

Necesito ir al servicio.

Muszę iść do toalety.
['muʃɛ 'iɕtɕ dɔ tɔa'lɛti]

Me tengo que ir.

Muszę iść.
['muʃɛ 'iɕtɕ]

Me tengo que ir ahora.

Muszę już iść.
['muʃɛ 'juʒ 'iɕtɕ]

Preguntar por direcciones

Perdone, ...	**Przepraszam, ...** [pʃɛ'praʃam, ...]
¿Dónde está ...?	**Gdzie jest ...?** [gdʑɛ 'jɛst ...?]
¿Por dónde está ...?	**W którą stronę jest ...?** [f 'kturɔ̃ 'strɔnɛ 'jɛst ...?]
¿Puede ayudarme, por favor?	**Czy może pan /pani/ mi pomóc?** [tʃɨ 'mɔʒɛ pan /'paɲi/ mʲi 'pɔmuts?]

Busco ...	**Szukam ...** ['ʃukam ...]
Busco la salida.	**Szukam wyjścia.** ['ʃukam 'vɨjɕtɕa]
Voy a ...	**Jadę do ...** ['jadɛ dɔ ...]
¿Voy bien por aquí para ...?	**Czy idę w dobrym kierunku do ...?** [tʃɨ 'idɛ v 'dɔbrɨm kʲɛ'runku 'dɔ ...?]

¿Está lejos?	**Czy to daleko?** [tʃɨ tɔ da'lɛkɔ?]
¿Puedo llegar a pie?	**Czy mogę tam dojść pieszo?** [tʃɨ 'mɔgɛ tam 'dɔjɕtɕ 'pʲɛʃɔ?]
¿Puede mostrarme en el mapa?	**Czy może mi pan /pani/ pokazać na mapie?** [tʃɨ 'mɔʒɛ mʲi pan /'paɲi/ pɔ'kazatɕ na 'mapʲɛ?]
Por favor muestreme dónde estamos.	**Proszę mi pokazać gdzie teraz jesteśmy.** ['prɔʃɛ mʲi pɔ'kazatɕ gdʑɛ 'tɛras jɛ'stɛɕmɨ]

Aquí	**Tutaj** ['tutaj]
Allí	**Tam** [tam]
Por aquí	**Tędy** ['tɛndɨ]

Gire a la derecha.	**Należy skręcić w prawo.** [na'lɛʒɨ 'skrɛntɕitɕ f 'pravɔ]
Gire a la izquierda.	**Należy skręcić w lewo.** [na'lɛʒɨ 'skrɛntɕitɕ v 'lɛvɔ]
la primera (segunda, tercera) calle	**pierwszy (drugi, trzeci) skręt** ['pʲɛrfʃɨ ('drugi, 'tʃɛtɕi) 'skrɛnt]

a la derecha

w prawo
[f 'pravɔ]

a la izquierda

w lewo
[v 'lɛvɔ]

Siga recto.

Proszę iść prosto.
['prɔʃɛ 'içtɕ 'prɔstɔ]

Carteles

¡BIENVENIDO!
WITAMY!
[vʲi'tamʲi]

ENTRADA
WEJŚCIE
['vɛjɕtɕɛ]

SALIDA
WYJŚCIE
['vijɕtɕɛ]

EMPUJAR
PCHAĆ
['pxatɕ]

TIRAR
CIĄGNĄĆ
['tɕiɔŋgnɔntɕ]

ABIERTO
OTWARTE
[ɔ'tfartɛ]

CERRADO
ZAMKNIĘTE
[za'mkɲiɛntɛ]

PARA SEÑORAS
PANIE
['paɲɛ]

PARA CABALLEROS
PANOWIE
[pa'nɔvʲɛ]

CABALLEROS
TOALETA MĘSKA
[tɔa'lɛta 'mɛ̃ska]

SEÑORAS
TOALETA DAMSKA
[tɔa'lɛta 'damska]

REBAJAS
ZNIŻKI
['zɲiʃkʲi]

VENTA
WYPRZEDAŻ
[vʲ'pʃɛdaʒ]

GRATIS
ZA DARMO
[za 'darmɔ]

¡NUEVO!
NOWOŚĆ!
['nɔvɔɕtɕ!]

ATENCIÓN
UWAGA!
[u'vaga!]

COMPLETO
BRAK WOLNYCH MIEJSC
['brag 'vɔlnix 'mʲɛjsts]

RESERVADO
REZERWACJA
[rɛzɛ'rvatsja]

ADMINISTRACIÓN
ADMINISTRACJA
[admʲini'stratsja]

SÓLO PERSONAL AUTORIZADO
TYLKO DLA PERSONELU
['tɨlkɔ 'dla pɛrsɔ'nɛlu]

CUIDADO CON EL PERRO	**UWAGA PIES** [u'vaga 'pʲɛs]
NO FUMAR	**ZAKAZ PALENIA** ['zakas pa'lɛɲa]
NO TOCAR	**NIE DOTYKAĆ!** [ɲɛ dɔ'tɨkatɕ!]
PELIGROSO	**NIEBEZPIECZNE** [ɲɛbɛ'spʲɛʧnɛ]
PELIGRO	**NIEBEZPIECZEŃSTWO** [ɲɛbɛspʲɛ'ʧɛɲstfɔ]
ALTA TENSIÓN	**WYSOKIE NAPIĘCIE** [vi'sɔkʲɛ na'pʲiɛntɕɛ]
PROHIBIDO BAÑARSE	**ZAKAZ PŁYWANIA** ['zakas pwi'vaɲa]
FUERA DE SERVICIO	**NIECZYNNY** [ɲɛ'ʧinnɨ]
INFLAMABLE	**ŁATWOPALNY** [watfɔ'palnɨ]
PROHIBIDO	**ZABRONIONE** [zabrɔ'ɲɔnɛ]
PROHIBIDO EL PASO	**WSTĘP WZBRONIONY!** ['fstɛmb vzbrɔ'ɲɔni!]
RECIÉN PINTADO	**ŚWIEŻO MALOWANE** ['ɕvʲɛʒɔ malɔ'vanɛ]
CERRADO POR RENOVACIÓN	**ZAMKNIĘTE NA CZAS REMONTU** [za'mkɲiɛntɛ na 'ʧaz rɛ'mɔntu]
EN OBRAS	**ROBOTY DROGOWE** [rɔ'bɔtɨ drɔ'gɔvɛ]
DESVÍO	**OBJAZD** ['ɔbjazt]

Transporte. Frases generales

el avión	**samolot** [sa'mɔlɔt]
el tren	**pociąg** ['pɔtɕiɔŋk]
el bus	**autobus** [aw'tɔbus]
el ferry	**prom** ['prɔm]
el taxi	**taksówka** [ta'ksufka]
el coche	**samochód** [sa'mɔxut]

el horario	**rozkład jazdy | rozkład lotów** ['rɔskwat 'jazdɨ | 'rɔskwat 'lɔtuf]
¿Dónde puedo ver el horario?	**Gdzie znajdę rozkład jazdy?** [gdʑɛ 'znajdɛ 'rɔskwat 'jazdɨ?]
días laborables	**dni robocze** ['dɲi rɔ'bɔtʃɛ]
fines de semana	**weekend** [vɛ'ɛkɛnt]
días festivos	**święta** ['ɕviˈiɛnta]

SALIDA	**WYJAZDY | PRZYLOTY** [vɨ'jazdɨ | pʃɨ'lɔti]
LLEGADA	**PRZYJAZDY | ODLOTY** [pʃɨ'jazdɨ | ɔ'dlɔti]
RETRASADO	**OPÓŹNIONY** [ɔpu'ʑɲɔni]
CANCELADO	**ODWOŁANY** [ɔdvɔ'wanɨ]

siguiente (tren, etc.)	**następny** [na'stɛmpnɨ]
primero	**pierwszy** ['pˈɛrfʃɨ]
último	**ostatni** [ɔ'statɲi]

¿Cuándo pasa el siguiente ...?	**O której jest następny ...?** [ɔ 'kturɛj 'jɛst na'stɛmpnɨ ...?]
¿Cuándo pasa el primer ...?	**O której jest pierwszy ...?** [ɔ 'kturɛj 'jɛst pˈɛrfʃɨ ...?]

¿Cuándo pasa el último …?

O której jest ostatni …?
[ɔ 'kturɛj 'jɛst ɔ'statɲi …?]

el trasbordo (cambio de trenes, etc.)

przesiadka
[pʃɛ'ɕatka]

hacer un trasbordo

przesiąść się
['pʃɛɕiɔ̃ɕtɕ ɕiɛ]

¿Tengo que hacer un trasbordo?

Czy muszę się przesiadać?
[tʃɨ 'muʃɛ ɕiɛ pʃɛ'ɕadatɕ?]

Comprar billetes

¿Dónde puedo comprar un billete?
Gdzie mogę kupić bilety?
[gdʑɛ 'mɔgɛ 'kupʲitɕ bʲi'lɛti?]

el billete
bilet
['bʲilɛt]

comprar un billete
kupić bilet
['kupʲitɕ 'bʲilɛt]

precio del billete
cena biletu
['tsɛna bʲi'lɛtu]

¿Para dónde?
Dokąd?
['dɔkɔnt?]

¿A qué estación?
Do której stacji?
[dɔ 'kturɛj 'statsji?]

Necesito ...
Poproszę ...
[pɔ'prɔʃɛ ...]

un billete
jeden bilet
['jɛdɛn 'bʲilɛt]

dos billetes
dwa bilety
['dva bʲi'lɛti]

tres billetes
trzy bilety
[tʃi bʲi'lɛti]

sólo ida
w jedną stronę
[f 'jɛdnɔ̃ 'strɔnɛ]

ida y vuelta
w obie strony
[v 'ɔbʲɛ 'strɔni]

en primera (primera clase)
pierwsza klasa
['pʲɛrfʃa 'klasa]

en segunda (segunda clase)
druga klasa
['druga 'klasa]

hoy
dzisiaj
['dʑiɕaj]

mañana
jutro
['jutrɔ]

pasado mañana
pojutrze
[pɔ'jutʃɛ]

por la mañana
rano
['ranɔ]

por la tarde
po południu
[pɔ pɔ'wudɲu]

por la noche
wieczorem
[vʲɛ'tʃɔrɛm]

asiento de pasillo	**miejsce przy przejściu** ['mʲɛjstsɛ pʃi 'pʃɛjɕtɕu]
asiento de ventanilla	**miejsce przy oknie** ['mʲɛjstsɛ pʃi 'ɔkɲɛ]
¿Cuánto cuesta?	**Ile kosztuje?** ['ilɛ kɔ'ʃtujɛ?]
¿Puedo pagar con tarjeta?	**Czy mogę zapłacić kartą?** [ʧi 'mɔgɛ za'pwatɕitɕ 'kartɔ̃?]

Autobús

el autobús	**autobus** [aw'tɔbus]
el autobús interurbano	**autobus międzymiastowy** [aw'tɔbus mʲiɛndzimʲa'stɔvɨ]
la parada de autobús	**przystanek autobusowy** [pʃi'stanɛk awtɔbu'sɔvɨ]
¿Dónde está la parada de autobuses más cercana?	**Gdzie jest najbliższy przystanek autobusowy?** [gdʑɛ 'jɛst najb'ʎiʃʃi pʃi'stanɛk awtɔbu'sɔvi?]

número	**numer** ['numɛr]
¿Qué autobús tengo que tomar para …?	**Którym autobusem dojadę do …?** ['kturim awtɔ'busɛm dɔ'jadɛ dɔ …?]
¿Este autobús va a …?	**Czy ten autobus jedzie do …?** [ʧi 'tɛn aw'tɔbus 'jɛdʑɛ dɔ …?]
¿Cada cuanto pasa el autobús?	**Jak często jeżdżą autobusy?** ['jak 'ʧɛ̃stɔ 'jɛʒdʒɔ̃ awtɔ'busi?]

cada 15 minutos	**co piętnaście minut** ['tsɔ pʲiɛ'ntnaɕtɕɛ 'mʲinut]
cada media hora	**co pół godziny** ['tsɔ 'puw gɔ'dʑinɨ]
cada hora	**co godzinę** ['tsɔ gɔ'dʑinɛ]
varias veces al día	**kilka razy dziennie** ['kʲilka 'razɨ 'dʑɛŋɲɛ]
… veces al día	**… razy dziennie** [… 'razɨ 'dʑɛŋɲɛ]

el horario	**rozkład jazdy** ['rɔskwat 'jazdɨ]
¿Dónde puedo ver el horario?	**Gdzie znajdę rozkład jazdy?** [gdʑɛ 'znajdɛ 'rɔskwat 'jazdɨ?]
¿Cuándo pasa el siguiente autobús?	**O której jest następny autobus?** [ɔ 'kturɛj 'jɛst na'stɛmpnɨ aw'tɔbus?]
¿Cuándo pasa el primer autobús?	**O której jest pierwszy autobus?** [ɔ 'kturɛj 'jɛst 'pʲɛrfʃi aw'tɔbus?]
¿Cuándo pasa el último autobús?	**O której jest ostatni autobus?** [ɔ 'kturɛj 'jɛst ɔ'statɲi aw'tɔbus?]
la parada	**przystanek** [pʃi'stanɛk]

la siguiente parada	**następny przystanek** [na'stɛmpnɨ pʃɨ'stanɛk]
la última parada	**ostatni przystanek** [ɔ'statɲi pʃɨ'stanɛk]
Pare aquí, por favor.	**Proszę się tu zatrzymać.** ['prɔʃɛ ɕiɛ tu za'tʃɨmatɕ]
Perdone, esta es mi parada.	**Przepraszam, to mój przystanek.** [pʃɛ'praʃam, tɔ muj pʃɨ'stanɛk]

Tren

el tren
pociąg
['pɔtɕiɔŋk]

el tren de cercanías
kolejka
[kɔ'lɛjka]

el tren de larga distancia
pociąg dalekobieżny
['pɔtɕiɔŋk dalɛkɔ'bʲɛʒɲi]

la estación de tren
dworzec kolejowy
['dvɔʒɛts kɔlɛ'jɔvʲi]

Perdone, ¿dónde está
la salida al anden?
**Przepraszam, gdzie jest
wyjście z peronu?**
[pʃɛ'praʃam, gdʑɛ 'jɛsd
'vijɕtɕɛ s pɛ'rɔnu?]

¿Este tren va a ...?
Czy ten pociąg jedzie do ...?
[tʃi 'tɛn 'pɔtɕiɔŋk 'jɛdʑɛ dɔ ...?]

el siguiente tren
następny pociąg
[na'stɛmpnɨ 'pɔtɕiɔŋk]

¿Cuándo pasa el siguiente tren?
O której jest następny pociąg?
[ɔ 'kturɛj 'jɛst na'stɛmpnɨ 'pɔtɕiɔŋk?]

¿Dónde puedo ver el horario?
Gdzie znajdę rozkład jazdy?
[gdʑɛ 'znajdɛ 'rɔskwat 'jazdi?]

¿De qué andén?
Z którego peronu?
[s ktu'rɛgɔ pɛ'rɔnu?]

¿Cuándo llega el tren a ...?
O której ten pociąg dojeżdża do ...?
[ɔ 'kturɛj 'tɛn 'pɔtɕiɔŋk dɔ'jɛʒdʒa dɔ ...?]

Ayudeme, por favor.
Proszę mi pomóc.
['prɔʃɛ mʲi 'pɔmuts]

Busco mi asiento.
Szukam swojego miejsca.
['ʃukam sfɔ'jɛgɔ 'mʲɛjstsa]

Buscamos nuestros asientos.
Szukamy naszych miejsc.
[ʃu'kamɨ 'naʃix 'mʲɛjsts]

Mi asiento está ocupado.
Moje miejsce jest zajęte.
['mɔjɛ 'mʲɛjstsɛ 'jɛsd za'jɛntɛ]

Nuestros asientos están ocupados.
Nasze miejsca są zajęte.
['naʃɛ 'mʲɛjstsa 'sɔ̃ za'jɛntɛ]

Perdone, pero ese es mi asiento.
Przykro mi ale to moje miejsce.
['pʃɨkrɔ mʲi 'alɛ tɔ 'mɔjɛ 'mʲɛjstsɛ]

¿Está libre?
Czy to miejsce jest zajęte?
[tʃi tɔ 'mʲɛjstsɛ 'jɛsd za'jɛntɛ?]

¿Puedo sentarme aquí?
Czy mogę tu usiąść?
[tʃi 'mɔgɛ tu 'uɕiɔ̃ɕtɕ?]

En el tren. Diálogo (Sin billete)

Su billete, por favor.	**Bilety, proszę.** [bʲiˈlɛti, ˈprɔʃɛ]
No tengo billete.	**Nie mam biletu.** [ɲɛ ˈmam bʲiˈlɛtu]
He perdido mi billete.	**Zgubiłem bilet.** [zguˈbʲiwɛm ˈbʲilɛt]
He olvidado mi billete en casa.	**Zostawiłem bilet w domu.** [zɔstaˈvʲiwɛm ˈbʲilɛt v ˈdɔmu]

Le puedo vender un billete.	**Może pan /pani/ kupić bilet ode mnie.** [ˈmɔʒɛ pan /ˈpaɲi/ ˈkupʲitɕ ˈbʲilɛt ˈɔdɛ ˈmɲɛ]
También deberá pagar una multa.	**Będzie pan musiał /pani musiała/ również zapłacić mandat.** [ˈbɛndʑɛ pan ˈmuɕaw /ˈpaɲi muˈɕawa/ ˈruvɲɛʒ zaˈpwatɕitɕ ˈmandat]
Vale.	**Dobrze.** [ˈdɔbʒɛ]
¿A dónde va usted?	**Dokąd pan /pani/ jedzie?** [ˈdɔkɔnt pan /ˈpaɲi/ ˈjɛdʑɛ?]
Voy a ...	**Jadę do ...** [ˈjadɛ dɔ ...]

¿Cuánto es? No lo entiendo.	**Ile kosztuje? Nie rozumiem.** [ˈilɛ kɔˈʃtujɛ? ɲɛ rɔˈzumʲɛm]
Escríbalo, por favor.	**Czy może pan /pani/ to napisać?** [tʃɨ ˈmɔʒɛ pan /ˈpaɲi/ tɔ naˈpʲisatɕ?]
Vale. ¿Puedo pagar con tarjeta?	**Dobrze. Czy mogę zapłacić kartą?** [ˈdɔbʒɛ. tʃɨ ˈmɔgɛ zaˈpwatɕitɕ ˈkartɔ̃?]
Sí, puede.	**Tak, można.** [tak, ˈmɔʒna]

Aquí está su recibo.	**Oto pański /pani/ rachunek.** [ˈɔtɔ ˈpaɲskʲi /ˈpaɲi/ raˈxunɛk]
Disculpe por la multa.	**Przykro mi z powodu mandatu.** [ˈpʃɨkrɔ mʲi s pɔˈvɔdu maˈndatu]
No pasa nada. Fue culpa mía.	**W porządku. To moja wina.** [f pɔˈʒɔntku. tɔ ˈmɔja ˈvʲina]
Disfrute su viaje.	**Miłej podróży.** [ˈmʲiwɛj pɔˈdruʒi]

Taxi

taxi	**taksówka** [ta'ksufka]
taxista	**taksówkarz** [ta'ksufkaʃ]
coger un taxi	**złapać taksówkę** ['zwapatɕ ta'ksufkɛ]
parada de taxis	**postój taksówek** ['pɔstuj ta'ksuvɛk]
¿Dónde puedo coger un taxi?	**Gdzie mogę wziąć taksówkę?** [gdʑɛ 'mɔgɛ vʑi'ɔ̃tɕ ta'ksufkɛ?]
llamar a un taxi	**zadzwonić po taksówkę** [za'dzvɔɲitɕ pɔ ta'ksufkɛ]
Necesito un taxi.	**Potrzebuję taksówkę.** [pɔtʃɛ'bujɛ ta'ksufkɛ]
Ahora mismo.	**Jak najszybciej.** ['jak na'jʃɨptɕɛj]
¿Cuál es su dirección?	**Skąd pana /panią/ odebrać?** ['skɔnt 'pana /'paɲiɔ̃/ ɔ'dɛbratɕ?]
Mi dirección es ...	**Mój adres to ...** [muj 'adrɛs tɔ ...]
¿Cuál es el destino?	**Dokąd pan /pani/ chce jechać?** ['dɔkɔnt pa'n /paɲi/ 'xtsɛ 'jɛxatɕ?]

Perdone, ...	**Przepraszam, ...** [pʃɛ'praʃam, ...]
¿Está libre?	**Czy jest pan wolny?** [tʃɨ 'jɛst pan 'vɔlni?]
¿Cuánto cuesta ir a ...?	**Ile kosztuje przejazd do ...?** ['ilɛ kɔ'ʃtujɛ 'pʃɛjazd dɔ ...?]
¿Sabe usted dónde está?	**Wie pan /pani/ gdzie to jest?** ['vʲɛ pan /'paɲi/ gdʑɛ tɔ 'jɛst?]

Al aeropuerto, por favor.	**Na lotnisko, proszę.** [na lɔt'ɲiskɔ, 'prɔʃɛ]
Pare aquí, por favor.	**Proszę się tu zatrzymać.** ['prɔʃɛ ɕɛ tu za'tʃimatɕ]
No es aquí.	**To nie tutaj.** [tɔ ɲɛ 'tutaj]
La dirección no es correcta.	**To zły adres.** [tɔ 'zwɨ 'adrɛs]
Gire a la izquierda.	**Proszę skręcić w lewo.** ['prɔʃɛ 'skrɛntɕitɕ v 'lɛvɔ]
Gire a la derecha.	**Proszę skręcić w prawo.** ['prɔʃɛ 'skrɛntɕitɕ f 'pravɔ]

¿Cuánto le debo?	**Ile płacę?** ['ilɛ 'pwatsɛ?]
¿Me da un recibo, por favor?	**Poproszę rachunek.** [pɔ'prɔʃɛ ra'xunɛk]
Quédese con el cambio.	**Proszę zachować resztę.** ['prɔʃɛ za'xɔvatɕ 'rɛʃtɛ]

Espéreme, por favor.	**Czy może pan /pani/ na mnie poczekać?** [tʃi 'mɔʒɛ pan /'paɲi/ na mɲɛ pɔ'tʃɛkatɕ?]
cinco minutos	**pięć minut** ['pʲiɛntɕ 'mʲinut]
diez minutos	**dziesięć minut** ['dʑɛɕiɛntɕ 'mʲinut]
quince minutos	**piętnaście minut** [pʲiɛ'ntnaɕtɕɛ 'mʲinut]
veinte minutos	**dwadzieścia minut** [dva'dʑɛɕtɕa 'mʲinut]
media hora	**pół godziny** ['puw gɔ'dʑiɲi]

Hotel

Hola.	**Witam.** ['vʲitam]
Me llamo ...	**Mam na imię ...** [mam na 'imʲiɛ ...]
Tengo una reserva.	**Mam rezerwację.** [mam rɛzɛ'rvatsjɛ]
Necesito ...	**Potrzebuję ...** [pɔʧɛ'bujɛ ...]
una habitación individual	**pojedynczy pokój** [pɔjɛ'dɨnʧi 'pɔkuj]
una habitación doble	**podwójny pokój** [pɔ'dvujnɨ 'pɔkuj]
¿Cuánto cuesta?	**Ile to kosztuje?** ['ilɛ tɔ kɔ'ʃtujɛ?]
Es un poco caro.	**To trochę za drogo.** [tɔ 'trɔxɛ za 'drɔgɔ]
¿Tiene alguna más?	**Czy są inne pokoje?** [ʧɨ 'sɔ̃ 'innɛ pɔ'kɔjɛ?]
Me quedo.	**Wezmę ten.** ['vɛzmɛ 'tɛn]
Pagaré en efectivo.	**Zapłacę gotówką.** [za'pwatsɛ gɔ'tufkɔ̃]
Tengo un problema.	**Mam problem.** [mam 'prɔblɛm]
Mi ... no funciona.	**... jest zepsuty /zepsuta/.** [... 'jɛsd zɛ'psutɨ /zɛ'psuta/.]
Mi ... está fuera de servicio.	**... jest nieczynny /nieczynna/.** [... 'jɛst ɲɛ'ʧɨnnɨ /ɲɛ'ʧɨnna/.]
televisión	**Mój telewizor ...** [muj tɛlɛ'vʲizɔr ...]
aire acondicionado	**Moja klimatyzacja ...** ['mɔja kʎimatɨ'zatsja ...]
grifo	**Mój kran ...** [muj 'kran ...]
ducha	**Mój prysznic ...** [muj 'prɨʃɲits ...]
lavabo	**Mój zlew ...** [muj 'zlɛf ...]
caja fuerte	**Mój sejf ...** [muj 'sɛjf ...]
cerradura	**Mój zamek ...** [muj 'zamɛk ...]

enchufe	**Moje gniazdko elektryczne ...** ['mɔjɛ 'gɲaztkɔ ɛlɛ'ktritʃnɛ ...]
secador de pelo	**Moja suszarka ...** ['mɔja su'ʃarka ...]

No tengo ...	**Nie mam ...** [ɲɛ 'mam ...]
agua	**wody** ['vɔdɨ]
luz	**światła** ['ɕvʲatwa]
electricidad	**prądu** ['prɔndu]

¿Me puede dar ...?	**Czy może mi pan /pani/ przynieść ...?** [tʃɨ 'mɔʒɛ mʲi pan /'paɲi/ 'pʃɨɲɛɕtɕ ...?]
una toalla	**ręcznik** ['rɛntʃnik]
una sábana	**koc** ['kɔts]
unas chanclas	**kapcie** ['kaptɕɛ]
un albornoz	**szlafrok** ['ʃlafrɔk]
un champú	**szampon** ['ʃampɔn]
jabón	**mydło** ['mɨdwɔ]

Quisiera cambiar de habitación.	**Chciałbym /chciałabym/ zmienić pokój.** ['xtɕawbim /xtɕa'wabim/ 'zmʲɛɲitɕ 'pɔkuj]
No puedo encontrar mi llave.	**Nie mogę znaleźć mojego klucza.** [ɲɛ 'mɔgɛ 'znalɛɕtɕ mɔ'jɛgɔ 'klutʃa]
Por favor abra mi habitación.	**Czy może pani otworzyć mój pokój?** [tʃɨ 'mɔʒɛ 'paɲi ɔ'tfɔʒitɕ muj 'pɔkuj?]
¿Quién es?	**Kto tam?** [ktɔ tam?]
¡Entre!	**Proszę wejść!** ['prɔʃɛ 'vɛjɕtɕ!]
¡Un momento!	**Chwileczkę!** [xvʲi'lɛtʃkɛ!]
Ahora no, por favor.	**Nie teraz, proszę.** [ɲɛ 'tɛras, 'prɔʃɛ]

Venga a mi habitación, por favor.	**Proszę wejść do mojego pokoju.** ['prɔʃɛ 'vɛjɕtɕ dɔ mɔ'jɛgɔ pɔ'kɔju]
Quisiera hacer un pedido.	**Chciałbym /chciałabym/ zamówić posiłek do pokoju.** ['xtɕawbim /xtɕa'wabim/ za'muvʲitɕ pɔ'ɕiwɛg dɔ pɔ'kɔju]

Mi número de habitación es ...

Me voy ...

Nos vamos ...

Ahora mismo

esta tarde

esta noche

mañana

mañana por la mañana

mañana por la noche

pasado mañana

Mój numer pokoju to ...
[muj 'numɛr pɔ'kɔju tɔ ...]

Wyjeżdżam ...
[vi'jɛʒdʒam ...]

Wyjeżdżamy ...
[vijɛ'ʒdʒamɨ ...]

jak najszybciej
['jak na'jʃiptɕɛj]

po południu
[pɔ pɔ'wudɲu]

dziś wieczorem
['dʑiɕ vʲɛ'tʃɔrɛm]

jutro
['jutrɔ]

jutro rano
['jutrɔ 'ranɔ]

jutro wieczorem
['jutrɔ vʲɛ'tʃɔrɛm]

pojutrze
[pɔ'jutʃɛ]

Quisiera pagar la cuenta.

Todo ha estado estupendo.

¿Dónde puedo coger un taxi?

¿Puede llamarme un taxi, por favor?

Chciałbym zapłacić.
['xtɕawbɨm za'pwatɕitɕ]

Wszystko było wspaniałe.
[fʃistkɔ 'bɨwɔ fspa'ɲawɛ]

Gdzie mogę wziąć taksówkę?
[gdʑɛ 'mɔgɛ vʑi'ɔ̃tɕ ta'ksufkɛ?]

Czy może pan /pani/ wezwać dla mnie taksówkę?
[tʃɨ 'mɔʒɛ pan /'paɲi/ 'vɛzvatɕ 'dla 'mɲɛ ta'ksufkɛ?]

Restaurante

¿Puedo ver el menú, por favor?
Czy mogę prosić menu?
[tʃɨ 'mɔgɛ 'prɔɕitɕ 'mɛnu?]

Mesa para uno.
Stolik dla jednej osoby.
['stɔʎig 'dla 'jɛdnɛj ɔ'sɔbɨ]

Somos dos (tres, cuatro).
Jest nas dwoje (troje, czworo).
['jɛst 'naz 'dvɔjɛ ('trɔjɛ, 'tʃvɔrɔ)]

Para fumadores
Dla palących.
['dla pa'lɔntsix]

Para no fumadores
Dla niepalących.
['dla ɲɛpa'lɔntsix]

¡Por favor! (llamar al camarero)
Przepraszam!
[pʃɛ'praʃam!]

la carta
menu
['mɛnu]

la carta de vinos
lista win
['ʎista 'vʲin]

La carta, por favor.
Poproszę menu.
[pɔ'prɔʃɛ 'mɛnu]

¿Está listo para pedir?
Czy są Państwo gotowi?
[tʃɨ 'sɔ̃ 'paɲstfɔ gɔ'tɔvʲi?]

¿Qué quieren pedir?
Co Państwo zamawiają?
['tsɔ 'paɲstfɔ zama'vʲajɔ̃?]

Yo quiero …
Zamawiam …
[za'mavʲam …]

Soy vegetariano.
Jestem wegetarianinem /wegetarianką/.
['jɛstɛm vɛgɛtaria'ɲinɛm /vɛgɛta'riankɔ̃/]

carne
mięso
['mʲiɛ̃sɔ]

pescado
ryba
['riba]

verduras
warzywa
[va'ʒiva]

¿Tiene platos para vegetarianos?
Czy są dania wegetariańskie?
[tʃɨ 'sɔ̃ 'daɲa vɛgɛta'riaɲskʲɛ?]

No como cerdo.
Nie jadam wieprzowiny.
[ɲɛ 'jadam vʲɛpʃɔ'vʲini]

Él /Ella/ no come carne.
On /Ona/ nie je mięsa.
[ɔn /'ɔna/ ɲɛ 'jɛ 'mʲiɛ̃sa]

Soy alérgico a ...

Jestem uczulony /uczulona/ na ...
['jɛstɛm utʃu'lɔni /utʃu'lɔna/ na ...]

¿Me puede traer ..., por favor?

Czy może pan /pani/ przynieść mi ...
[tʃi 'mɔʒɛ pan /'paɲi/ 'pʃiɲɛɕtɕ mʲi ...]

sal | pimienta | azúcar

sól | pieprz | cukier
['suʎ | 'pʲɛpʃ | 'tsukʲɛr]

café | té | postre

kawa | herbata | deser
['kava | xɛ'rbata | 'dɛsɛr]

agua | con gas | sin gas

woda | gazowana | bez gazu
['vɔda | gazɔ'vana | 'bɛz 'gazu]

una cuchara | un tenedor | un cuchillo

łyżka | widelec | nóż
['wiʃka | vʲi'dɛlɛts | 'nuʒ]

un plato | una servilleta

talerz | serwetka
['talɛʃ | sɛr'vɛtka]

¡Buen provecho!

Smacznego!
[sma'tʃnɛgɔ!]

Uno más, por favor.

Jeszcze raz poproszę.
['jɛʃtʃɛ 'ras pɔ'prɔʃɛ]

Estaba delicioso.

To było pyszne.
[tɔ 'bɨwɔ 'pɨʃnɛ]

---

la cuenta | el cambio | la propina

rachunek | drobne | napiwek
[ra'xunɛk | 'drɔbnɛ | na'pʲivɛk]

La cuenta, por favor.

Rachunek proszę.
[ra'xunɛk 'prɔʃɛ]

¿Puedo pagar con tarjeta?

Czy mogę zapłacić kartą?
[tʃi 'mɔgɛ za'pwatɕitɕ 'kartɔ̃?]

Perdone, aquí hay un error.

Przykro mi, tu jest błąd.
['pʃikrɔ mʲi, tu 'jɛsd 'bwɔnt]

De Compras

¿Puedo ayudarle?	**W czym mogę pomóc?** [f 'tʃim 'mɔgɛ 'pɔmuts?]
¿Tiene ...?	**Czy jest ...?** [tʃɨ 'jɛst ...?]
Busco ...	**Szukam ...** ['ʃukam ...]
Necesito ...	**Potrzebuję ...** [pɔtʃɛ'bujɛ ...]

Sólo estoy mirando.	**Tylko się rozglądam.** ['tɨlkɔ ɕɛ rɔ'zglɔndam]
Sólo estamos mirando.	**Tylko się rozglądamy.** ['tɨlkɔ ɕɛ rɔzglɔn'damɨ]
Volveré más tarde.	**Wrócę później.** ['vrutsɛ 'puʒɲɛj]
Volveremos más tarde.	**Wrócimy później.** [vru'tɕimɨ 'puʒɲɛj]
descuentos | oferta	**zniżka | wyprzedaż** ['zɲiʃka | vɨ'pʃɛdaʒ]

Por favor, enséñeme ...	**Czy może mi pan /pani/ pokazać ...** [tʃɨ 'mɔʒɛ mʲi pan /'paɲi/ pɔ'kazatɕ ...]
¿Me puede dar ..., por favor?	**Czy może mi pan /pani/ dać ...** [tʃɨ 'mɔʒɛ mʲi pan /'paɲi/ datɕ ...]
¿Puedo probarmelo?	**Czy mogę przymierzyć?** [tʃɨ 'mɔgɛ pʃɨ'mʲɛʒitɕ?]
Perdone, ¿dónde están los probadores?	**Przepraszam, gdzie jest przymierzalnia?** [pʃɛ'praʃam, gdʑɛ 'jɛst pʃimʲɛ'ʒalɲa?]
¿Qué color le gustaría?	**Jaki kolor pan /pani/ sobie życzy?** ['jakʲi 'kɔlɔr pan /'paɲi/ 'sɔbʲɛ 'ʒitʃɨ?]
la talla | el largo	**rozmiar | długość** ['rɔzmʲar | 'dwugɔɕtɕ]
¿Cómo le queda? (¿Está bien?)	**Jak to leży?** ['jak tɔ 'lɛʒɨ?]

¿Cuánto cuesta esto?	**Ile to kosztuje?** ['ilɛ tɔ kɔ'ʃtujɛ?]
Es muy caro.	**To za drogo.** [tɔ za 'drɔgɔ]
Me lo llevo.	**Wezmę to.** ['vɛzmɛ 'tɔ]

Perdone, ¿dónde está la caja?

Przepraszam, gdzie mogę zapłacić?
[pʃɛ'praʃam, gdʑɛ 'mɔgɛ za'pwatɕitɕ?]

¿Pagará en efectivo o con tarjeta?

Czy płaci pan /pani/
gotówką czy kartą?
[tʃi 'pwatɕi pan /'paɲi/
gɔ'tufkɔ̃ tʃi 'kartɔ̃?]

en efectivo | con tarjeta

Gotówką | kartą kredytową
[gɔ'tufkɔ̃ | 'kartɔ̃ krɛdi'tɔvɔ̃]

¿Quiere el recibo?

Czy chce pan /pani/ rachunek?
[tʃi xtsɛ pan /'paɲi/ ra'xunɛk?]

Sí, por favor.

Tak, proszę.
[tak, 'prɔʃɛ]

No, gracias.

Nie, dziękuję.
[ɲɛ, dʑiɛ'ŋkujɛ]

Gracias. ¡Que tenga un buen día!

Dziękuję. Miłego dnia!
[dʑiɛŋ'kujɛ. mʲi'wɛgɔ dɲa!]

En la ciudad

Perdone, por favor.	**Przepraszam.** [pʃɛ'praʃam]
Busco ...	**Szukam ...** ['ʃukam ...]
el metro	**metra** ['mɛtra]
mi hotel	**mojego hotelu** [mɔ'jɛgɔ xɔ'tɛlu]
el cine	**kina** ['kʲina]
una parada de taxis	**postoju taksówek** [pɔ'stɔju ta'ksuvɛk]

un cajero automático	**bankomatu** [bankɔ'matu]
una oficina de cambio	**kantoru wymiany walut** [ka'ntɔru vɨ'mʲanɨ va'lut]
un cibercafé	**kafejki internetowej** [ka'fɛjkʲi intɛrnɛ'tɔvɛj]
la calle ...	**ulicy ...** [u'ʎitsɨ ...]
este lugar	**tego miejsca** ['tɛgɔ 'mʲɛjstsa]

¿Sabe usted dónde está ...?	**Czy wie pan /pani/ gdzie jest ...?** [ʧɨ 'vʲɛ pan /'paɲi/ gdʑɛ 'jɛst ...?]
¿Cómo se llama esta calle?	**Na jakiej to ulicy?** [na 'jakʲɛj tɔ u'ʎitsɨ?]
Muestreme dónde estamos ahora.	**Proszę mi pokazać gdzie teraz jesteśmy.** ['prɔʃɛ mʲi pɔ'kazatɕ gdʑɛ 'tɛras jɛ'stɛɕmɨ]
¿Puedo llegar a pie?	**Czy mogę tam dojść pieszo?** [ʧɨ 'mɔgɛ tam 'dɔjɕtɕ 'pʲɛʃɔ?]
¿Tiene un mapa de la ciudad?	**Czy ma pan /pani/ mapę miasta?** [ʧɨ ma pan /'paɲi/ 'mapɛ 'mʲasta?]

¿Cuánto cuesta la entrada?	**Ile kosztuje wejście?** ['ilɛ kɔ'ʃtujɛ 'vɛjɕtɕɛ?]
¿Se pueden hacer fotos aquí?	**Czy można tu robić zdjęcia?** [ʧɨ 'mɔʒna tu 'rɔbʲitɕ 'zdjɛntɕa?]
¿Está abierto?	**Czy jest otwarte?** [ʧɨ 'jɛst ɔ'tfartɛ?]

¿A qué hora abren?

Od której jest czynne?
[ɔt 'kturɛj 'jɛst 'ʧinnɛ?]

¿A qué hora cierran?

Do której jest czynne?
[dɔ 'kturɛj 'jɛst 'ʧinnɛ?]

Dinero

dinero	**pieniądze** [pʲɛ'ɲiɔndzɛ]
efectivo	**gotówka** [gɔ'tufka]
billetes	**pieniądze papierowe** [pʲɛ'ɲiɔndzɛ papʲɛ'rɔvɛ]
monedas	**drobne** ['drɔbnɛ]
la cuenta | el cambio | la propina	**rachunek | drobne | napiwek** [ra'xunɛk | 'drɔbnɛ | na'pʲivɛk]

la tarjeta de crédito	**karta kredytowa** ['karta krɛdɨ'tɔva]
la cartera	**portfel** ['pɔrtfɛl]
comprar	**kupować** [ku'pɔvatɕ]
pagar	**płacić** ['pwatɕitɕ]
la multa	**grzywna** ['gʒɨvna]
gratis	**darmowy** [da'rmɔvɨ]

¿Dónde puedo comprar ...?	**Gdzie mogę kupić ...?** [gdʑɛ 'mɔgɛ 'kupʲitɕ ...?]
¿Está el banco abierto ahora?	**Czy bank jest teraz otwarty?** [ʧɨ 'bank 'jɛst 'tɛraz ɔ'tfartɨ?]
¿A qué hora abre?	**Od której jest czynny?** [ɔt 'kturɛj 'jɛst 'ʧɨnnɨ?]
¿A qué hora cierra?	**Do której jest czynny?** [dɔ 'kturɛj 'jɛst 'ʧɨnnɨ?]

¿Cuánto cuesta?	**Ile kosztuje?** ['ilɛ kɔ'ʃtujɛ?]
¿Cuánto cuesta esto?	**Ile to kosztuje?** ['ilɛ tɔ kɔ'ʃtujɛ?]
Es muy caro.	**To za drogo.** [tɔ za 'drɔgɔ]

Perdone, ¿dónde está la caja?	**Przepraszam, gdzie mogę zapłacić?** [pʃɛ'praʃam, gdʑɛ 'mɔgɛ za'pwatɕitɕ?]
La cuenta, por favor.	**Rachunek proszę.** [ra'xunɛk 'prɔʃɛ]

¿Puedo pagar con tarjeta?

Czy mogę zapłacić kartą?
[tʃi 'mɔgɛ za'pwatɕitɕ 'kartɔ̃?]

¿Hay un cajero por aquí?

Czy jest tu gdzieś bankomat?
[tʃi 'jɛst tu gdʑɛɕ bankɔ'mat?]

Busco un cajero automático.

Szukam bankomatu.
['ʃukam bankɔ'matu]

Busco una oficina de cambio.

Szukam kantoru wymiany walut.
['ʃukam ka'ntɔru vɨ'mʲanɨ 'valut]

Quisiera cambiar ...

Chciałbym /Chciałabym/ wymienić ...
['xtɕawbɨm /xtɕa'wabɨm/ vɨ'mʲɛɲitɕ ...]

¿Cuál es el tipo de cambio?

Jaki jest kurs?
['jakʲi 'jɛst 'kurs?]

¿Necesita mi pasaporte?

**Czy potrzebuje pan /pani/
mój paszport?**
[tʃi pɔtʃɛ'bujɛ pan /'paɲi/
muj 'paʃpɔrt?]

Tiempo

¿Qué hora es?	**Która godzina?** ['ktura gɔ'dʑina?]
¿Cuándo?	**Kiedy?** ['kʲɛdɨ?]
¿A qué hora?	**O której godzinie?** [ɔ 'kturɛj gɔ'dʑiɲɛ?]
ahora | luego | después de …	**teraz | później | po …** ['tɛraz | 'puʑɲɛj | pɔ …]

la una	**godzina pierwsza** [gɔ'dʑina 'pʲɛrfʃa]
la una y cuarto	**pierwsza piętnaście** ['pʲɛrfʃa pʲiɛ'ntnaɕtɕɛ]
la una y medio	**pierwsza trzydzieści** ['pʲɛrfʃa tʃɨ'dʑɛɕtɕi]
las dos menos cuarto	**za piętnaście druga** [za pʲiɛ'ntnaɕtɕɛ 'druga]

una | dos | tres	**pierwsza | druga | trzecia** ['pʲɛrfʃa | 'druga | 'tʃɛtɕa]
cuatro | cinco | seis	**czwarta | piąta | szósta** ['tʃvarta | 'pʲiɔnta | 'ʃusta]
siete | ocho | nueve	**siódma | ósma | dziewiąta** ['ɕudma | 'usma | dʑɛ'vʲiɔnta]
diez | once | doce	**dziesiąta | jedenasta | dwunasta** [dʑɛ'ɕiɔnta | jɛdɛ'nasta | dvu'nasta]

en …	**za …** [za …]
cinco minutos	**pięć minut** ['pʲiɛntɕ 'mʲinut]
diez minutos	**dziesięć minut** ['dʑɛɕiɛntɕ 'mʲinut]
quince minutos	**piętnaście minut** [pʲiɛ'ntnaɕtɕɛ 'mʲinut]
veinte minutos	**dwadzieścia minut** [dva'dʑɛɕtɕa 'mʲinut]

media hora	**pół godziny** ['puw gɔ'dʑinɨ]
una hora	**godzinę** [gɔ'dʑinɛ]
por la mañana	**rano** ['ranɔ]

por la mañana temprano	**wcześnie rano** ['ft͡ʃɛɕɲɛ 'ranɔ]
esta mañana	**tego ranka** ['tɛgɔ 'ranka]
mañana por la mañana	**jutro rano** ['jutrɔ 'ranɔ]

al mediodía	**w południe** [f pɔ'wudɲɛ]
por la tarde	**po południu** [pɔ pɔ'wudɲu]
por la noche	**wieczorem** [vʲɛ't͡ʃɔrɛm]
esta noche	**dziś wieczorem** ['dʑiɕ vʲɛ't͡ʃɔrɛm]

por la noche	**w nocy** [f 'nɔtsɨ]
ayer	**wczoraj** ['ft͡ʃɔraj]
hoy	**dzisiaj** ['dʑiɕaj]
mañana	**jutro** ['jutrɔ]
pasado mañana	**pojutrze** [pɔ'jut͡ʃɛ]

¿Qué día es hoy?	**Jaki jest dzisiaj dzień?** ['jakʲi 'jɛst 'dʑiɕaj 'dʑɛɲ?]
Es …	**Jest …** ['jɛst …]
lunes	**poniedziałek** [pɔɲɛ'dʑawɛk]
martes	**wtorek** ['ftɔrɛk]
miércoles	**środa** ['ɕrɔda]

jueves	**czwartek** ['t͡ʃvartɛk]
viernes	**piątek** ['pʲiɔntɛk]
sábado	**sobota** [sɔ'bɔta]
domingo	**niedziela** [ɲɛ'dʑɛla]

Saludos. Presentaciones.

Hola.

Witam.
['vʲitam]

Encantado /Encantada/ de conocerle.

Miło mi pana /panią/ poznać.
['mʲiwɔ mʲi 'pana /'paɲiɔ̃/ 'pɔznatɕ]

Yo también.

Mi również.
[mʲi 'ruvɲɛʒ]

Le presento a ...

**Chciałbym żeby pan poznał
/pani poznała/ ...**
['xtɕawbɨm 'ʒɛbɨ pan 'pɔznaw
/'paɲi pɔ'znawa/ ...]

Encantado.

Miło pana /panią/ poznać.
['mʲiwɔ 'pana /'paɲiɔ̃/ 'pɔznatɕ]

¿Cómo está?

Jak się pan /pani/ miewa?
['jak ɕiɛ pan /'paɲi/ 'mʲɛva?]

Me llamo ...

Mam na imię ...
[mam na 'imʲiɛ ...]

Se llama ...

On ma na imię ...
['ɔn ma na 'imʲiɛ ...]

Se llama ...

Ona ma na imię ...
['ɔna ma na 'imʲiɛ ...]

¿Cómo se llama (usted)?

Jak pan /pani/ ma na imię?
['jak pan /'paɲi/ ma na 'imʲiɛ?]

¿Cómo se llama (él)?

Jak on ma na imię?
['jak 'ɔn ma na 'imʲiɛ?]

¿Cómo se llama (ella)?

Jak ona ma na imię?
['jak 'ɔna ma na 'imʲiɛ?]

¿Cuál es su apellido?

Jak pan /pani/ się nazywa?
['jak pan /'paɲi/ ɕiɛ na'ziva?]

Puede llamarme ...

**Może się pan /pani/
do mnie zwracać ...**
['mɔʒɛ ɕiɛ pa'n /paɲi/
dɔ 'mɲɛ 'zvratsatɕ ...]

¿De dónde es usted?

Skąd pan /pani/ jest?
['skɔnt pan /'paɲi/ 'jɛst?]

Yo soy de ....

Pochodzę z ...
[pɔ'xɔdzɛ s ...]

¿A qué se dedica?

Czym się pan /pani/ zajmuje?
['ʧɨm ɕiɛ pan /'paɲi/ zaj'mujɛ?]

¿Quién es?

Kto to jest?
[ktɔ tɔ 'jɛst?]

¿Quién es él?

Kim on jest?
['kʲim 'ɔn 'jɛst?]

¿Quién es ella?	**Kim ona jest?** ['klim 'ɔna 'jɛst?]
¿Quiénes son?	**Kim oni są?** ['klim 'ɔɲi sɔ̃?]

Este es ...	**To jest ...** [tɔ 'jɛst ...]
mi amigo	**mój przyjaciel** [muj pʃi'jatɕɛl]
mi amiga	**moja przyjaciółka** ['mɔja pʃija'tɕuwka]
mi marido	**mój mąż** [muj 'mɔ̃ʒ]
mi mujer	**moja żona** ['mɔja 'ʒɔna]

mi padre	**mój ojciec** [muj 'ɔjtɕɛts]
mi madre	**moja matka** ['mɔja 'matka]
mi hermano	**mój brat** [muj 'brat]
mi hermana	**moja siostra** ['mɔja 'ɕɔstra]
mi hijo	**mój syn** [muj 'sɨn]
mi hija	**moja córka** ['mɔja 'tsurka]

Este es nuestro hijo.	**To jest nasz syn.** [tɔ 'jɛst 'naʃ 'sɨn]
Esta es nuestra hija.	**To jest nasza córka.** [tɔ 'jɛst 'naʃa 'tsurka]
Estos son mis hijos.	**To moje dzieci.** [tɔ 'mɔjɛ 'dʑɛtɕi]
Estos son nuestros hijos.	**To nasze dzieci.** [tɔ 'naʃɛ 'dʑɛtɕi]

Despedidas

¡Adiós!	**Do widzenia!** [dɔ vʲi'dzɛɲa!]
¡Chau!	**Cześć!** ['ʧɛɕtɕ!]
Hasta mañana.	**Do zobaczenia jutro.** [dɔ zɔba'ʧɛɲa 'jutrɔ]
Hasta pronto.	**Na razie.** [na 'raʑɛ]
Te veo a las siete.	**Do zobaczenia o siódmej.** [dɔ zɔba'ʧɛɲa ɔ 'ɕudmɛj]

¡Que se diviertan!	**Bawcie się dobrze!** ['bafʨɛ ɕɛ 'dɔbʒɛ!]
Hablamos más tarde.	**Do usłyszenia.** [dɔ uswi'ʃɛɲa]
Que tengas un buen fin de semana.	**Miłego weekendu.** [mʲi'wɛgɔ vɛɛ'kɛndu]
Buenas noches.	**Dobranoc.** [dɔ'branɔts]

Es hora de irme.	**Czas na mnie.** [ʧas na 'mɲɛ]
Tengo que irme.	**Muszę iść.** ['muʃɛ 'iɕʨ]
Ahora vuelvo.	**Wracam za chwilę.** ['vratsam za 'xvʲilɛ]

Es tarde.	**Późno już.** ['puʑnɔ 'juʒ]
Tengo que levantarme temprano.	**Muszę wstać wcześnie.** ['muʃɛ 'fstaʨ 'fʧɛɕɲɛ]
Me voy mañana.	**Wyjeżdżam jutro.** [vɨ'jɛʒdʒam 'jutrɔ]
Nos vamos mañana.	**Wyjeżdżamy jutro.** [vɨjɛʒ'dʒamɨ 'jutrɔ]

¡Que tenga un buen viaje!	**Miłej podróży!** ['mʲiwɛj pɔ'druʑi!]
Ha sido un placer.	**Miło było pana /panią/ poznać.** ['mʲiwɔ 'bɨwɔ 'pana /'paɲiɔ̃/ 'pɔznaʨ]
Fue un placer hablar con usted.	**Miło się rozmawiało.** ['mʲiwɔ ɕɛ rɔzma'vʲawɔ]
Gracias por todo.	**Dziękuję za wszystko.** [dʑɛɲ'kujɛ za 'fʃistkɔ]

Lo he pasado muy bien.	**Dobrze się bawiłem /bawiłam/.** ['dɔbʒɛ ɕiɛ ba'vʲiwɛm /ba'vʲiwam/]
Lo pasamos muy bien.	**Dobrze się bawiliśmy.** ['dɔbʒɛ ɕiɛ bavʲi'ʎiɕmi]
Fue genial.	**Było naprawdę świetne.** ['biwɔ na'pravdɛ 'ɕvʲɛtnɛ]
Le voy a echar de menos.	**Będę tęsknić.** ['bɛndɛ 'tɛ̃skɲitɕ]
Le vamos a echar de menos.	**Będziemy tęsknić.** [bɛ'ndʑɛmi 'tɛ̃skɲitɕ]

¡Suerte!	**Powodzenia!** [pɔvɔ'dzɛɲa!]
Saludos a ...	**Pozdrów ...** ['pɔzdruf ...]

Idioma extranjero

No entiendo.	**Nie rozumiem.** [ɲɛ rɔ'zumʲɛm]
Escríbalo, por favor.	**Czy może pan /pani/ to napisać?** [ʧi 'mɔʒɛ pan /'paɲi/ tɔ na'pʲisaʨ?]
¿Habla usted ...?	**Czy mówi pan /pani/ po ...?** [ʧi 'muvʲi pan /'paɲi/ pɔ ...?]

Hablo un poco de ...	**Mówię troszkę po ...** ['muvʲiɛ 'trɔʃkɛ pɔ ...]
inglés	**angielsku** [a'ngʲɛlsku]
turco	**turecku** [tu'rɛtsku]
árabe	**arabsku** [a'rapsku]
francés	**francusku** [fran'tsusku]

alemán	**niemiecku** [ɲɛ'mʲɛtsku]
italiano	**włosku** ['vwɔsku]
español	**hiszpańsku** [xi'ʃpaɲsku]
portugués	**portugalsku** [pɔrtu'galsku]
chino	**chińsku** ['xiɲsku]
japonés	**japońsku** [ja'pɔɲsku]

¿Puede repetirlo, por favor?	**Czy może pan /pani/ powtórzyć?** [ʧi 'mɔʒɛ pan /'paɲi/ pɔ'ftuʒiʨ?]
Lo entiendo.	**Rozumiem.** [rɔ'zumʲɛm]
No entiendo.	**Nie rozumiem.** [ɲɛ rɔ'zumʲɛm]
Hable más despacio, por favor.	**Proszę mówić wolniej.** ['prɔʃɛ 'muvʲiʨ 'vɔlɲɛj]

¿Está bien?	**Czy jest poprawne?** [ʧi 'jɛst pɔ'pravnɛ?]
¿Qué es esto? (¿Que significa esto?)	**Co to znaczy?** ['tsɔ tɔ 'znaʧi?]

Disculpas

Perdone, por favor.	**Przepraszam.** [pʃɛ'praʃam]
Lo siento.	**Przepraszam.** [pʃɛ'praʃam]
Lo siento mucho.	**Bardzo przepraszam.** ['bardzɔ pʃɛ'praʃam]
Perdón, fue culpa mía.	**Przepraszam, to moja wina.** [pʃɛ'praʃam, tɔ 'mɔja 'vʲina]
Culpa mía.	**Mój błąd.** [muj 'bwɔnt]

¿Puedo ...?	**Czy mogę ...?** [tʃi 'mɔgɛ ...?]
¿Le molesta si ...?	**Czy ma pan /pani/ coś przeciwko gdybym ...?** [tʃi ma pan /'paɲi/ 'tsɔɕ pʃɛ'tɕifkɔ 'gdibim ...?]
¡No hay problema! (No pasa nada.)	**Nic się nie stało.** ['ɲits ɕiɛ ɲɛ 'stawɔ]
Todo está bien.	**Wszystko w porządku.** ['fʃistkɔ f pɔ'ʒɔntku]
No se preocupe.	**Nic nie szkodzi.** ['ɲits ɲɛ 'ʃkɔdʑi]

Acuerdos

Sí.	**Tak.**
	[tak]
Sí, claro.	**Tak, oczywiście.**
	[tak, ɔʧi'vʲiɕtɕɛ]
Bien.	**Dobrze!**
	['dɔbʒɛ!]
Muy bien.	**Bardzo dobrze.**
	['bardzɔ 'dɔbʒɛ]
¡Claro que sí!	**Oczywiście!**
	[ɔʧi'vʲiɕtɕɛ!]
Estoy de acuerdo.	**Zgadzam się.**
	['zgadzam ɕɛ]

Es verdad.	**Dokładnie tak.**
	[dɔ'kwadɲɛ 'tak]
Es correcto.	**Zgadza się.**
	['zgadza ɕɛ]
Tiene razón.	**Ma pan /pani/ rację.**
	[ma pan /'paɲi/ 'ratsjɛ]
No me molesta.	**Nie mam nic przeciwko.**
	[ɲɛ 'mam 'ɲits pʃɛ'tɕifkɔ]
Es completamente cierto.	**Bardzo poprawnie.**
	['bardzɔ pɔ'pravɲɛ]

Es posible.	**To możliwe.**
	[tɔ mɔ'ʒʎivɛ]
Es una buena idea.	**To dobry pomysł.**
	[tɔ 'dɔbrɨ 'pɔmɨs]
No puedo decir que no.	**Nie mogę odmówić.**
	[ɲɛ 'mɔgɛ ɔ'dmuvʲitɕ]
Estaré encantado /encantada/.	**Z radością.**
	[z ra'dɔɕtɕiɔ̃]
Será un placer.	**Z przyjemnością.**
	[s pʃijɛ'mnɔɕtɕiɔ̃]

Rechazo. Expresar duda

No.	**Nie.** [ɲɛ]
Claro que no.	**Z pewnością nie.** [s pɛ'vnɔɕtɕiɔ̃ 'ɲɛ]
No estoy de acuerdo.	**Nie zgadzam się.** [ɲɛ 'zgadzam ɕɛ]
No lo creo.	**Nie wydaje mi się.** [ɲɛ vɨ'dajɛ mʲi ɕɛ]
No es verdad.	**To nie prawda.** [tɔ ɲɛ 'pravda]

No tiene razón.	**Nie ma pan /pani/ racji.** [ɲɛ ma pan /'paɲi/ 'ratsji]
Creo que no tiene razón.	**Myślę że nie ma pan /pani/ racji.** ['mɨɕlɛ 'ʒɛ ɲɛ ma pan /'paɲi/ 'ratsji]
No estoy seguro /segura/.	**Nie jestem pewien /pewna/.** [ɲɛ 'jɛstɛm 'pɛvʲɛn /'pɛvna/]
No es posible.	**To niemożliwe.** [tɔ ɲɛmɔ'ʒʎivɛ]
¡Nada de eso!	**Nic podobnego!** ['ɲits pɔdɔ'bnɛgɔ!]

Justo lo contrario.	**Dokładnie odwrotnie.** [dɔ'kwadɲɛ ɔ'dvrɔtɲɛ]
Estoy en contra de ello.	**Nie zgadzam się.** [ɲɛ 'zgadzam ɕɛ]
No me importa. (Me da igual.)	**Wszystko mi jedno.** ['fʃistkɔ mʲi 'jɛdnɔ]
No tengo ni idea.	**Nie mam pojęcia.** [ɲɛ 'mam pɔ'jɛntɕa]
Dudo que sea así.	**Wątpię w to.** ['vɔntpʲiɛ f 'tɔ]

Lo siento, no puedo.	**Przepraszam, nie mogę.** [pʃɛ'praʃam, ɲɛ 'mɔgɛ]
Lo siento, no quiero.	**Przepraszam, nie chcę.** [pʃɛ'praʃam, ɲɛ 'xtsɛ]
Gracias, pero no lo necesito.	**Dziękuję, ale nie potrzebuję tego.** [dʑiɛŋ'kujɛ, 'alɛ ɲɛ pɔtʃɛ'bujɛ 'tɛgɔ]
Ya es tarde.	**Robi się późno.** ['rɔbʲi ɕɛ 'puʒnɔ]

Tengo que levantarme temprano.

Muszę wstać wcześnie.
['muʃɛ 'fstatɕ 'fʧɛɕɲɛ]

Me encuentro mal.

Źle się czuję.
[ʑlɛ ɕiɛ 'ʧujɛ]

Expresar gratitud

Gracias.	**Dziękuję.** [dʑiɛŋ'kujɛ]
Muchas gracias.	**Dziękuję bardzo.** [dʑiɛŋ'kujɛ 'bardzɔ]
De verdad lo aprecio.	**Naprawdę to doceniam.** [na'pravdɛ tɔ dɔ'tsɛɲam]
Se lo agradezco.	**Jestem naprawdę wdzięczny /wdzięczna/.** ['jɛstɛm na'pravdɛ 'vdʑiɛntʃni /'vdʑiɛntʃna/]
Se lo agradecemos.	**Jesteśmy naprawdę wdzięczni.** [jɛs'tɛɕmi na'pravdɛ 'vdʑiɛntʃni]
Gracias por su tiempo.	**Dziękuję za poświęcony czas.** [dʑiɛŋ'kujɛ za pɔɕvliɛn'tsɔni 'tʃas]
Gracias por todo.	**Dziękuję za wszystko.** [dʑiɛŋ'kujɛ za 'fʃistkɔ]
Gracias por ...	**Dziękuję za ...** [dʑiɛŋ'kujɛ za ...]
su ayuda	**pańską pomoc** ['paɲskɔ̃ 'pɔmɔts]
tan agradable momento	**miłe chwile** ['mliwɛ 'xvlilɛ]
una comida estupenda	**doskonałą potrawę** [dɔskɔ'nawɔ̃ pɔ'travɛ]
una velada tan agradable	**miły wieczór** ['mliwɨ 'vlɛtʃur]
un día maravilloso	**wspaniały dzień** [fspa'ɲawɨ 'dʑɛɲ]
un viaje increíble	**miła podróż** ['mliwa 'pɔdruʒ]
No hay de qué.	**Nie ma za co.** [ɲɛ ma za 'tsɔ]
De nada.	**Proszę.** ['prɔʃɛ]
Siempre a su disposición.	**Zawsze do usług.** ['zafʃɛ dɔ 'uswuk]
Encantado /Encantada/ de ayudarle.	**Cała przyjemność po mojej stronie.** [tsawa pʃi'jɛmnɔɕtɕ pɔ 'mɔjɛj 'strɔɲɛ]

No hay de qué.

Nie ma o czy mówić.
[ɲɛ ma ɔ ʧi 'muvʲiʨ]

No tiene importancia.

Nic nie szkodzi.
['ɲits ɲɛ 'ʃkɔdʑi]

Felicitaciones , Mejores Deseos

¡Felicidades!	**Gratulacje!** [gratu'latsjɛ!]
¡Feliz Cumpleaños!	**Wszystkiego najlepszego** **z okazji urodzin!** [fʃi'stkʲɛgɔ najlɛ'pʃɛgɔ z ɔ'kazji u'rɔdzin!]
¡Feliz Navidad!	**Wesołych Świąt!** [vɛ'sɔwix 'ɕvʲiɔnt!]
¡Feliz Año Nuevo!	**Szczęśliwego Nowego Roku!** [ʃʧɛ̃ɕʎi'vɛgɔ nɔ'vɛgɔ 'rɔku!]
¡Felices Pascuas!	**Wesołych Świąt Wielkanocnych!** [vɛ'sɔwix 'ɕvʲiɔnt vʲɛlka'nɔtsnix!]
¡Feliz Hanukkah!	**Szczęśliwego Chanuka!** [ʃʧɛ̃ɕʎi'vɛgɔ 'xanuka!]
Quiero brindar.	**Chciałbym wznieść toast.** ['xtɕawbim 'vzɲɛɕtɕ 'tɔast]
¡Salud!	**Na zdrowie!** [na 'zdrɔvʲɛ!]
¡Brindemos por ...!	**Wypijmy za ...!** [vi'pʲijmɨ za ...!]
¡A nuestro éxito!	**Za naszą pomyślność!** [za 'naʃɔ̃ pɔ'miɕlnɔɕtɕ!]
¡A su éxito!	**Za Państwa pomyślność!** [za 'paɲstfa pɔ'miɕlnɔɕtɕ!]
¡Suerte!	**Powodzenia!** [pɔvɔ'dzɛɲa!]
¡Que tenga un buen día!	**Miłego dnia!** ['mʲiwɛgɔ 'dɲa!]
¡Que tenga unas buenas vacaciones!	**Miłych wakacji!** ['mʲiwix va'katsji!]
¡Que tenga un buen viaje!	**Bezpiecznej podróży!** [bɛ'spʲɛʧnɛj pɔ'druʒɨ!]
¡Espero que se recupere pronto!	**Szybkiego powrotu do zdrowia!** [ʃi'pkʲɛgɔ pɔ'vrɔtu dɔ 'zdrɔvʲa!]

Socializarse

¿Por qué está triste?

Dlaczego jest pani smutna?
[dla'tʃɛgɔ 'jɛst 'paɲi 'smutna?]

¡Sonría! ¡Anímese!

**Proszę się uśmiechnąć,
głowa do góry!**
['prɔʃɛ ɕɛ u'ɕmʲɛxnɔntɕ,
'gwɔva dɔ 'guri!]

¿Está libre esta noche?

Czy ma pani czas dzisiaj wieczorem?
[tʃi ma 'paɲi 'tʃaz 'dʑiɕaj vʲɛ'tʃɔrɛm?]

¿Puedo ofrecerle algo de beber?

Czy mogę zaproponować pani drinka?
[tʃi 'mɔgɛ zaprɔpɔ'nɔvatɕ 'paɲi 'drinka?]

¿Querría bailar conmigo?

Czy mogę prosić do tańca?
[tʃi 'mɔgɛ 'prɔɕitɕ dɔ 'taɲtsa?]

Vamos a ir al cine.

Może pójdziemy do kina?
['mɔʒɛ pu'jdʑɛmʲ dɔ 'kʲina?]

¿Puedo invitarle a …?

Czy mogę zaprosić pani …?
[tʃi 'mɔgɛ za'prɔɕitɕ 'paɲi …?]

un restaurante

do restauracji
[dɔ rɛsta'wratsji]

el cine

do kina
[dɔ 'kʲina]

el teatro

do teatru
[dɔ tɛ'atru]

dar una vuelta

na spacer
[na 'spatsɛr]

¿A qué hora?

O której godzinie?
[ɔ 'kturɛj gɔ'dʑiɲɛ?]

esta noche

dziś wieczorem
['dʑiɕ vʲɛ'tʃɔrɛm]

a las seis

o szóstej
[ɔ 'ʃustɛj]

a las siete

o siódmej
[ɔ 'ɕudmɛj]

a las ocho

o ósmej
[ɔ 'usmɛj]

a las nueve

o dziewiątej
[ɔ dʑɛ'vʲiɔntɛj]

¿Le gusta este lugar?

Czy podoba się panu /pani/ tutaj?
[tʃi pɔ'dɔba ɕɛ 'panu /'paɲi/ 'tutaj?]

¿Está aquí con alguien?

Czy jest tu pani z kimś?
[tʃi 'jɛst tu 'paɲi s 'kʲimɕ?]

Estoy con mi amigo /amiga/.

Estoy con amigos.

No, estoy solo /sola/.

Jestem z przyjacielem /przyjaciółką/.
['jɛstɛm s pʃija'tɕɛlɛm /pʃija'tɕuwkɔ̃/]
Jestem z przyjaciółmi.
['jɛstɛm s pʃija'tɕuwmʲi]
Nie, jestem sam /sama/.
[ɲɛ, 'jɛstɛm 'sam /'sama/]

¿Tienes novio?

Tengo novio.

¿Tienes novia?

Tengo novia.

Czy masz chłopaka?
[tʃi 'maʃ xwɔ'paka?]
Mam chłopaka.
[mam xwɔ'paka]
Czy masz dziewczynę?
[tʃi 'maʃ dʑɛ'ftʃinɛ?]
Mam dziewczynę.
[mam dʑɛ'ftʃinɛ]

¿Te puedo volver a ver?

¿Te puedo llamar?

Llámame.

¿Cuál es tu número?

Te echo de menos.

Czy mogę cię jeszcze zobaczyć?
[tʃi 'mɔgɛ tɕiɛ 'jɛʃtʃɛ zɔ'batʃitɕ?]
Czy mogę do ciebie zadzwonić?
[tʃi 'mɔgɛ dɔ 'tɕɛbʲɛ za'dzvɔɲitɕ?]
Zadzwoń do mnie.
['zadzvɔɲ dɔ 'mɲɛ]
Jaki masz numer?
['jakʲi 'maʃ 'numɛr?]
Tęsknię za Tobą.
['tɛ̃skɲiɛ za 'tɔbɔ̃]

¡Qué nombre tan bonito!

Te quiero.

¿Te casarías conmigo?

¡Está de broma!

Sólo estoy bromeando.

Ma pan /pani/ piękne imię.
[ma pan /'paɲi/ 'pʲiɛŋknɛ 'imʲiɛ]
Kocham cię.
['kɔxam tɕiɛ]
Czy wyjdziesz za mnie?
[tʃi 'vijdʑɛʃ za 'mɲɛ?]
Żartuje pan /pani/!
[ʒar'tujɛ pan /'paɲi/!]
Żartuję.
[ʒar'tujɛ]

¿En serio?

Lo digo en serio.

¿De verdad?

¡Es increíble!

No le creo.

No puedo.

No lo sé.

Czy mówi pan /pani/ poważnie?
[tʃi 'muvʲi pan /'paɲi/ pɔ'vaʒɲɛ?]
Mówię poważnie.
['muvʲiɛ pɔ'vaʒɲɛ]
Naprawdę?!
[na'pravdɛ?!]
To niemożliwe!
[tɔ ɲɛmɔ'ʒʎivɛ!]
Nie wierzę.
[ɲɛ 'vʲɛʒɛ]
Nie mogę.
[ɲɛ 'mɔgɛ]
Nie wiem.
[ɲɛ 'vʲɛm]

No le entiendo.

Nie rozumiem.
[ɲɛ rɔ'zumʲɛm]

Váyase, por favor.

Proszę odejść.
['prɔʃɛ 'ɔdɛjɕtɕ]

¡Déjeme en paz!

Proszę zostawić mnie w spokoju!
['prɔʃɛ zɔ'stavʲitɕ 'mɲɛ f spɔ'kɔju!]

Es inaguantable.

Nie znoszę go.
[ɲɛ 'znɔʃɛ 'gɔ]

¡Es un asqueroso!

Jest pan obrzydliwy!
['jɛst pan ɔbʒi'dʎivi!]

¡Llamaré a la policía!

Zadzwonię po policję!
[za'dzvɔɲiɛ pɔ pɔ'ʎitsjɛ!]

Compartir impresiones. Emociones

Me gusta.	**Podoba mi się to.** [pɔ'dɔba mʲi ɕiɛ 'tɔ]
Muy lindo.	**Bardzo ładne.** ['bardzɔ 'wadnɛ]
¡Es genial!	**Wspaniale!** [fspa'ɲalɛ!]
No está mal.	**Nieźle.** ['ɲɛʑlɛ]

No me gusta.	**Nie podoba mi się to.** [ɲɛ pɔ'dɔba mʲi ɕiɛ 'tɔ]
No está bien.	**Nieładnie.** [ɲɛ'wadɲɛ]
Está mal.	**To jest złe.** [tɔ 'jɛsd 'zwɛ]
Está muy mal.	**To bardzo złe.** [tɔ 'bardzɔ 'zwɛ]
¡Qué asco!	**To obrzydliwe.** [tɔ ɔbʐɨ'dʎivɛ]

Estoy feliz.	**Jestem szczęśliwy /szczęśliwa/.** ['jɛstɛm ʃʧɛ̃'ɕʎivɨ /ʃʧɛ̃'ɕʎiva/]
Estoy contento /contenta/.	**Jestem zadowolony /zadowolona/.** ['jɛstɛm zadɔvɔ'lɔnɨ /zadɔvɔ'lɔna/]
Estoy enamorado /enamorada/.	**Jestem zakochany /zakochana/.** ['jɛstɛm zakɔ'xanɨ /zakɔ'xana/]
Estoy tranquilo.	**Jestem spokojny /spokojna/.** ['jɛstɛm spɔ'kɔjnɨ /spɔ'kɔjna/]
Estoy aburrido.	**Jestem znudzony /znudzona/.** ['jɛstɛm znu'dzɔnɨ /znu'dzɔna/]

Estoy cansado /cansada/.	**Jestem zmęczony /zmęczona/.** ['jɛstɛm zmɛ'nʧɔnɨ /zmɛ'nʧɔna/]
Estoy triste.	**Jestem smutny /smutna/.** ['jɛstɛm 'smutnɨ /'smutna/]
Estoy asustado.	**Jestem przestraszony /przestraszona/.** ['jɛstɛm pʃɛstra'ʃɔnɨ /pʃɛstra'ʃɔna/]
Estoy enfadado /enfadada/.	**Jestem zły /zła/.** ['jɛstɛm 'zwɨ /'zwa/]
Estoy nervioso /nerviosa/.	**Jestem zdenerwowany /zdenerwowana/.** ['jɛstɛm zdɛnɛrvɔ'vanɨ /zdɛnɛrvɔ'vana/]

Estoy preocupado /preocupada/.

Martwię się.
['martfiɛ ɕiɛ]

Estoy celoso /celosa/.

Jestem zazdrosny /zazdrosna/.
['jɛstɛm za'zdrɔsni /za'zdrɔsna/]

Estoy sorprendido /sorprendida/.

Jestem zaskoczony /zaskoczona/.
['jɛstɛm zaskɔ'tʃɔni /zaskɔ'tʃɔna/]

Estoy perplejo /perpleja/.

Jestem zakłopotany /zakłopotana/.
['jɛstɛm zakwɔpɔ'tani /zakwɔpɔ'tana/]

Problemas, Accidentes

Tengo un problema.	**Mam problem.** [mam 'prɔblɛm]
Tenemos un problema.	**Mamy problem.** ['mamɨ 'prɔblɛm]
Estoy perdido /perdida/.	**Zgubiłem /Zgubiłam/ się.** [zgu'bʲiwɛm /zgu'bʲiwam/ ɕɛ]
Perdi el último autobús (tren).	**Uciekł mi ostatni autobus (pociąg).** ['utɕɛk mʲi ɔ'statɲi aw'tɔbus ('pɔtɕiɔŋk)]
No me queda más dinero.	**Nie mam ani grosza.** [ɲɛ 'mam 'aɲi 'grɔʃa]

He perdido ...	**Zgubiłem /Zgubiłam/ ...** [zgu'bʲiwɛm /zgu'bʲiwam/ ...]
Me han robado ...	**Ktoś ukradł ...** ['ktɔɕ 'ukrat ...]
mi pasaporte	**mój paszport** [muj 'paʃpɔrt]
mi cartera	**mój portfel** [muj 'pɔrtfɛl]
mis papeles	**moje dokumenty** ['mɔjɛ dɔku'mɛntɨ]
mi billete	**mój bilet** [muj 'bʲilɛt]

mi dinero	**moje pieniądze** ['mɔjɛ pʲɛ'ɲiɔndzɛ]
mi bolso	**moje torebkę** ['mɔjɛ tɔ'rɛpkɛ]
mi cámara	**mój aparat fotograficzny** [muj a'parat fɔtɔgra'fitʃnɨ]
mi portátil	**mój laptop** [muj 'laptɔp]
mi tableta	**mój tablet** [muj 'tablɛt]
mi teléfono	**mój telefon** [muj tɛ'lefɔn]

¡Ayúdeme!	**Pomocy!** [pɔ'mɔtsɨ!]
¿Qué pasó?	**Co się stało?** ['tsɔ ɕɛ 'stawɔ?]
el incendio	**pożar** ['pɔʒar]

un tiroteo	**strzał** ['stʃaw]
el asesinato	**morderca** [mɔ'rdɛrtsa]
una explosión	**wybuch** ['vibux]
una pelea	**bójka** ['bujka]

¡Llame a la policía!	**Proszę zadzwonić na policję!** ['prɔʃɛ za'dzvɔɲitɕ na pɔ'ʎitsjɛ!]
¡Más rápido, por favor!	**Proszę się pospieszyć!** ['prɔʃɛ ɕɛ pɔ'spʲɛʃitɕ!]
Busco la comisaría.	**Szukam komendy policji.** ['ʃukam kɔ'mɛndɨ pɔ'ʎitsji]
Tengo que hacer una llamada.	**Muszę zadzwonić.** ['muʃɛ za'dzvɔɲitɕ]
¿Puedo usar su teléfono?	**Czy mogę skorzystać z telefonu?** [tʃi 'mɔgɛ skɔ'ʒistatɕ s tɛle'fɔnu?]

Me han ...	**Zostałem /Zostałam/ ...** [zɔ'stawɛm /zɔ'stawam/ ...]
asaltado /asaltada/	**obrabowany /obrabowana/** [ɔbrabɔ'vanɨ /ɔbrabɔ'vana/]
robado /robada/	**okradziony /okradziona/** [ɔkra'dzɔnɨ /ɔkra'dzɔna/]
violada	**zgwałcona** [zgva'wtsɔna]
atacado /atacada/	**pobity /pobita/** [pɔ'bʲitɨ /pɔ'bʲita/]

¿Se encuentra bien?	**Czy wszystko w porządku?** [tʃi 'fʃistkɔ f pɔ'ʒɔntku?]
¿Ha visto quien a sido?	**Czy widział pan /widziała pani/ kto to był?** [tʃi 'vʲidzaw pan /vʲi'dzawa 'paɲi/ 'ktɔ tɔ 'bɨw?]
¿Sería capaz de reconocer a la persona?	**Czy może pan /pani/ rozpoznać sprawcę?** [tʃi 'mɔʒɛ pan /'paɲi/ rɔ'spɔznatɕ 'spraftsɛ?]
¿Está usted seguro?	**Jest pan pewny /pani pewna/?** ['jɛst pan 'pɛvnɨ /'paɲi 'pɛvna/?]

Por favor, cálmese.	**Proszę się uspokoić.** ['prɔʃɛ ɕɛ uspɔ'kɔitɕ]
¡Cálmese!	**Spokojnie!** [spɔ'kɔjɲɛ!]
¡No se preocupe!	**Proszę się nie martwić!** ['prɔʃɛ ɕɛ ɲɛ 'martfitɕ!]
Todo irá bien.	**Wszystko będzie dobrze.** [fʃistkɔ 'bɛndʑɛ 'dɔbʒɛ]

Todo está bien.

Venga aquí, por favor.

Tengo unas preguntas para usted.

Espere un momento, por favor.

Wszystko jest w porządku.
[ffistkɔ 'jɛsd f pɔ'ʒɔntku]

Proszę tu podejść.
['prɔʃɛ tu 'pɔdɛjɕtɕ]

Mam kilka pytań.
[mam 'kilʎka 'pitaɲ]

Proszę chwilę zaczekać.
['prɔʃɛ 'xviilɛ za'ʧɛkatɕ]

¿Tiene un documento de identidad?

Gracias. Puede irse ahora.

¡Manos detrás de la cabeza!

¡Está arrestado!

Czy ma pan /pani/ dowód tożsamości?
[ʧi ma pan /'paɲi/ 'dɔvut tɔʃsa'mɔɕtɕi?]

Dziękuję. Może pan /pani/ odejść.
[dʑiɛɲ'kujɛ. 'mɔʒɛ pan /'paɲi/ 'ɔdɛjɕtɕ]

Ręce za głowę!
['rɛntsɛ za 'gwɔvɛ!]

**Jest pan aresztowany
/pani aresztowana/!**
['jɛst pan arɛʃtɔ'vani
/'paɲi arɛʃtɔ'vana/!]

Problemas de salud

Ayudeme, por favor.	**Proszę mi pomóc.** ['prɔʃɛ mʲi 'pɔmuts]
No me encuentro bien.	**Źle się czuję.** [ʑlɛ ɕɛ 'tʃujɛ]
Mi marido no se encuentra bien.	**Mój mąż nie czuje się dobrze.** [muj 'mɔ̃ʒ ɲɛ 'tʃujɛ ɕɛ 'dɔbʒɛ]
Mi hijo …	**Mój syn …** [muj 'sɨn …]
Mi padre …	**Mój ojciec …** [muj 'ɔjtɕɛts …]

Mi mujer no se encuentra bien.	**Moja żona nie czuje się dobrze.** ['mɔja 'ʒɔna ɲɛ 'tʃujɛ ɕɛ 'dɔbʒɛ]
Mi hija …	**Moja córka …** ['mɔja 'tsurka …]
Mi madre …	**Moja matka …** ['mɔja 'matka …]

Me duele …	**Boli mnie …** ['bɔʎi 'mɲɛ …]
la cabeza	**głowa** ['gwɔva]
la garganta	**gardło** ['gardwɔ]
el estómago	**brzuch** ['bʒux]
un diente	**ząb** ['zɔmp]

Estoy mareado.	**Kręci mi się w głowie.** ['krɛntɕi mʲi ɕɛ v 'gwɔvʲɛ]
Él tiene fiebre.	**On ma gorączkę.** [ɔn ma gɔ'rɔntʃkɛ]
Ella tiene fiebre.	**Ona ma gorączkę.** ['ɔna ma gɔ'rɔntʃkɛ]
No puedo respirar.	**Nie mogę oddychać.** [ɲɛ 'mɔgɛ ɔ'ddixatɕ]

Me ahogo.	**Mam krótki oddech.** [mam 'krutkʲi 'ɔddɛx]
Tengo asma.	**Jestem astmatykiem.** ['jɛstɛm astma'tikʲɛm]
Tengo diabetes.	**Jestem diabetykiem.** ['jɛstɛm diabɛ'tikʲɛm]

No puedo dormir.	**Mam problemy ze snem.** [mam prɔ'blɛmɨ zɛ 'snɛm]
intoxicación alimentaria	**Zatrułem się jedzeniem** [za'truwɛm ɕiɛ jɛ'dzɛɲɛm]

Me duele aquí.	**Boli mnie tu.** ['bɔʎi 'mɲɛ 'tu]
¡Ayúdeme!	**Pomocy!** [pɔ'mɔtɕi!]
¡Estoy aquí!	**Jestem tu!** ['jɛstɛm 'tu!]
¡Estamos aquí!	**Tu jesteśmy!** [tu jɛ'stɛɕmi!]
¡Saquenme de aquí!	**Wyjmijcie mnie stąd!** [vɨ'jmʲijtɕɛ 'mɲɛ 'stɔnt!]
Necesito un médico.	**Potrzebuję lekarza.** [pɔtʃɛ'bujɛ lɛ'kaʒa]
No me puedo mover.	**Nie mogę się ruszać.** [ɲɛ 'mɔgɛ ɕiɛ 'ruʃatɕ]
No puedo mover mis piernas.	**Nie mogę się ruszać nogami.** [ɲɛ 'mɔgɛ ɕiɛ 'ruʃatɕ nɔ'gamʲi]

Tengo una herida.	**Jestem ranny /ranna/.** ['jɛstɛm 'rannɨ /'ranna/]
¿Es grave?	**Czy to poważne?** [ʧɨ tɔ pɔ'vaʒnɛ?]
Mis documentos están en mi bolsillo.	**Moje dokumenty są w kieszeni.** ['mɔjɛ dɔku'mɛntɨ 'sɔ f kʲɛ'ʃɛɲi]
¡Cálmese!	**Proszę się uspokoić.** ['prɔʃɛ ɕiɛ uspɔ'kɔitɕ]
¿Puedo usar su teléfono?	**Czy mogę skorzystać z telefonu?** [ʧɨ 'mɔgɛ skɔ'ʒistatɕ s tɛlɛ'fɔnu?]

¡Llame a una ambulancia!	**Proszę wezwać karetkę!** ['prɔʃɛ 'vɛzvatɕ ka'rɛtkɛ!]
¡Es urgente!	**To pilne!** [tɔ 'pʲilnɛ!]
¡Es una emergencia!	**To nagłe!** [tɔ 'nagwɛ!]
¡Más rápido, por favor!	**Proszę się pospieszyć!** ['prɔʃɛ ɕiɛ pɔ'spʲɛʃitɕ!]
¿Puede llamar a un médico, por favor?	**Czy może pan /pani/ zadzwonić po lekarza?** [ʧɨ 'mɔʒɛ pan /'paɲi/ za'dzvɔɲitɕ pɔ lɛ'kaʒa?]
¿Dónde está el hospital?	**Gdzie jest szpital?** [gdzɛ 'jɛst ʃpʲi'tal?]

¿Cómo se siente?	**Jak się pan /pani/ czuje?** ['jak ɕiɛ pan /'paɲi/ 'ʧujɛ?]
¿Se encuentra bien?	**Czy wszystko w porządku?** [ʧɨ 'fʃistkɔ f pɔ'ʒɔntku?]

¿Qué pasó?

Co się stało?
['tsɔ ɕiɛ 'stawɔ?]

Me encuentro mejor.

Czuję się już lepiej.
['ʧujɛ ɕiɛ 'juʒ 'lɛpʲɛj]

Está bien.

W porządku.
[f pɔ'ʒɔntku]

Todo está bien.

Wszystko w porządku.
['fʃistkɔ f pɔ'ʒɔntku]

En la farmacia

la farmacia

la farmacia 24 horas

¿Dónde está la farmacia más cercana?

apteka
[a'ptɛka]
apteka całodobowa
[a'ptɛka tsawɔdɔ'bɔva]
Gdzie jest najbliższa apteka?
[gdʑɛ 'jɛst najb'ʎiʃʃa a'ptɛka?]

¿Está abierta ahora?

¿A qué hora abre?

¿A qué hora cierra?

Czy jest teraz otwarta?
[ʧi 'jɛst 'tɛraz ɔ'tfarta?]
Od której jest czynne?
[ɔt 'kturɛj 'jɛst 'ʧinnɛ?]
Do której jest czynne?
[dɔ 'kturɛj 'jɛst 'ʧinnɛ?]

¿Está lejos?

¿Puedo llegar a pie?

¿Puede mostrarme en el mapa?

Czy to daleko?
[ʧi tɔ da'lɛkɔ?]
Czy mogę tam dojść pieszo?
[ʧi 'mɔgɛ tam 'dɔjɕʨ 'pʲɛʃɔ?]
Czy może mi pan /pani/ pokazać na mapie?
[ʧi 'mɔʒɛ mʲi pan /'paɲi/ pɔ'kazaʨ na 'mapʲɛ?]

Por favor, deme algo para ...

un dolor de cabeza

la tos

el resfriado

la gripe

Proszę coś na ...
['prɔʃɛ 'tsɔɕ na ...]
ból głowy
[bul 'gwɔvi]
kaszel
['kaʃɛl]
przeziębienie
[pʃɛʑiɛm'bʲɛɲɛ]
grypę
['gripɛ]

---

la fiebre

un dolor de estomago

nauseas

la diarrea

el estreñimiento

gorączkę
[gɔ'rɔnʧkɛ]
ból brzucha
[bul 'bʒuxa]
nudności
[nu'dnɔɕʨi]
rozwolnienie
[rɔzvɔ'lɲɛɲɛ]
zatwardzenie
[zatfar'dzɛɲɛ]

un dolor de espalda	**ból pleców** [bul 'plɛtsuf]
un dolor de pecho	**ból w klatce piersiowej** [bul f 'klattsɛ pʲɛ'rɕɔvɛj]
el flato	**kolkę** ['kɔʎkɛ]
un dolor abdominal	**ból brzucha** [bul 'bʒuxa]

la píldora	**tabletka** [ta'blɛtka]
la crema	**maść** ['maɕtɕ]
el jarabe	**syrop** ['sirɔp]
el spray	**spray** ['sprai]
las gotas	**drażetki** [dra'ʒɛtkʲi]

Tiene que ir al hospital.	**Musi pan /pani/ iść do szpitala.** ['muɕi pan /'paɲi/ 'iɕtɕ dɔ ʃpʲi'tala]
el seguro de salud	**polisa na życie** [pɔ'ʎisa na 'ʒitɕɛ]
la receta	**recepta** [rɛ'tsɛpta]
el repelente de insectos	**środek na owady** ['ɕrɔdɛk na ɔ'vadi]
la curita	**plaster** ['plastɛr]

Lo más imprescindible

Perdone, ...	**Przepraszam, ...** [pʃɛ'praʃam, ...]
Hola.	**Witam.** ['vʲitam]
Gracias.	**Dziękuję.** [dʑiɛŋ'kujɛ]

Sí.	**Tak.** [tak]
No.	**Nie.** [ɲɛ]
No lo sé.	**Nie wiem.** [ɲɛ 'vʲɛm]
¿Dónde? | ¿A dónde? | ¿Cuándo?	**Gdzie? | Dokąd? | Kiedy?** [gdʑɛ? | 'dɔkɔnt? | 'kʲɛdi?]

Necesito ...	**Potrzebuję ...** [pɔt͡ʃɛ'bujɛ ...]
Quiero ...	**Chcę ...** ['xtsɛ ...]
¿Tiene ...?	**Czy jest ...?** [t͡ʃi 'jɛst ...?]
¿Hay ... por aquí?	**Czy jest tutaj ...?** [t͡ʃi 'jɛst 'tutaj ...?]
¿Puedo ...?	**Czy mogę ...?** [t͡ʃi 'mɔgɛ ...?]
..., por favor? (petición educada)	**..., poproszę** [..., pɔ'prɔʃɛ]

Busco ...	**Szukam ...** ['ʃukam ...]
el servicio	**toalety** [tɔa'lɛti]
un cajero automático	**bankomatu** [bankɔ'matu]
una farmacia	**apteki** [a'ptɛkʲi]
el hospital	**szpitala** [ʃpʲi'tala]

la comisaría	**komendy policji** [kɔ'mɛndɨ pɔ'ʎitsji]
el metro	**metra** ['mɛtra]

| un taxi | **taksówki**
[ta'ksufkʲi] |
| la estación de tren | **dworca kolejowego**
['dvɔrtsa kɔlɛjɔ'vɛgɔ] |

Me llamo ...	**Mam na imię ...** [mam na 'imʲiɛ ...]
¿Cómo se llama?	**Jak pan /pani/ ma na imię?** ['jak pan /'paɲi/ ma na 'imʲiɛ?]
¿Puede ayudarme, por favor?	**Czy może pan /pani/ mi pomóc?** [ʧi 'mɔʒɛ pan /'paɲi/ mʲi 'pɔmuts?]
Tengo un problema.	**Mam problem.** [mam 'prɔblɛm]
Me encuentro mal.	**Źle się czuję.** [ʑlɛ ɕiɛ 'ʧujɛ]
¡Llame a una ambulancia!	**Proszę wezwać karetkę!** ['prɔʃɛ 'vɛzvaʨ ka'rɛtkɛ!]
¿Puedo llamar, por favor?	**Czy mogę zadzwonić?** [ʧi 'mɔgɛ za'dzvɔɲiʨ?]

| Lo siento. | **Przepraszam.**
[pʃɛ'praʃam] |
| De nada. | **Proszę bardzo.**
['prɔʃɛ 'bardzɔ] |

Yo	**ja** ['ja]
tú	**ty** ['ti]
él	**on** [ɔn]
ella	**ona** ['ɔna]
ellos	**oni** ['ɔɲi]
ellas	**one** ['ɔnɛ]
nosotros /nosotras/	**my** ['mi]
ustedes, vosotros	**wy** ['vi]
usted	**pan /pani/** [pan /'paɲi/]

ENTRADA	**WEJŚCIE** ['vɛjɕʨɛ]
SALIDA	**WYJŚCIE** ['vijɕʨɛ]
FUERA DE SERVICIO	**NIECZYNNY** [ɲɛ'ʧinni]
CERRADO	**ZAMKNIĘTE** [za'mkɲiɛntɛ]

ABIERTO	**OTWARTE** [ɔˈtfartɛ]
PARA SEÑORAS	**PANIE** [ˈpaɲɛ]
PARA CABALLEROS	**PANOWIE** [paˈnɔvʲɛ]

MINI DICCIONARIO

Esta sección contiene 250
palabras útiles necesarias
para la comunicación diaria.
Encontrará ahí los nombres
de los meses y de los días
de la semana.
El diccionario también
contiene temas relevantes
tales como colores, medidas,
familia, y más

T&P Books Publishing

CONTENIDO
DEL DICCIONARIO

T&P Books Publishing

tiempo (m)	**czas** (m)	[ʧas]
hora (f)	**godzina** (ż)	[gɔ'dʑina]
media hora (f)	**pół godziny**	[puw gɔ'dʑini]
minuto (m)	**minuta** (ż)	[mi'nuta]
segundo (m)	**sekunda** (ż)	[sɛ'kunda]
hoy (adv)	**dzisiaj**	['dʑiɕaj]
mañana (adv)	**jutro**	['jutrɔ]
ayer (adv)	**wczoraj**	['fʧɔraj]
lunes (m)	**poniedziałek** (m)	[pɔne'dʑʲawɛk]
martes (m)	**wtorek** (m)	['ftɔrɛk]
miércoles (m)	**środa** (ż)	['ɕrɔda]
jueves (m)	**czwartek** (m)	['ʧfartɛk]
viernes (m)	**piątek** (m)	[põtɛk]
sábado (m)	**sobota** (ż)	[sɔ'bɔta]
domingo (m)	**niedziela** (ż)	[ne'dʑeʎa]
día (m)	**dzień** (m)	[dʑeɲ]
día (m) de trabajo	**dzień** (m) **roboczy**	[dʑeɲ rɔ'bɔʧi]
día (m) de fiesta	**dzień** (m) **świąteczny**	[dʑeɲ ɕfõ'tɛʧni]
fin (m) de semana	**weekend** (m)	[u'ikɛnt]
semana (f)	**tydzień** (m)	['tidʑeɲ]
semana (f) pasada	**w zeszłym tygodniu**	[v 'zɛʃwim ti'gɔdny]
semana (f) que viene	**w następnym tygodniu**	[v nas'tɛpnim ti'gɔdny]
por la mañana	**rano**	['ranɔ]
por la tarde	**po południu**	[pɔ pɔ'wudny]
por la noche	**wieczorem**	[vet'ʃɔrɛm]
esta noche	**dzisiaj wieczorem**	[dʑiɕaj vet'ʃɔrɛm]
(p.ej. 8:00 p.m.)		
por la noche	**w nocy**	[v 'nɔʦi]
medianoche (f)	**północ** (ż)	['puwnɔʦ]
enero (m)	**styczeń** (m)	['stiʧɛɲ]
febrero (m)	**luty** (m)	['lyti]
marzo (m)	**marzec** (m)	['maʒɛʦ]
abril (m)	**kwiecień** (m)	['kfeʧeɲ]
mayo (m)	**maj** (m)	[maj]
junio (m)	**czerwiec** (m)	['ʧɛrveʦ]
julio (m)	**lipiec** (m)	['lipeʦ]
agosto (m)	**sierpień** (m)	['ɕerpeɲ]

septiembre (m)	wrzesień (m)	['vʒɛɕeŋ]
octubre (m)	październik (m)	[paʑ'dʒernik]
noviembre (m)	listopad (m)	[lis'tɔpat]
diciembre (m)	grudzień (m)	['grudʒeŋ]

en primavera	wiosną	['vɜsnɔ̃]
en verano	latem	['ʎatɛm]
en otoño	jesienią	[e'ɕenɔ̃]
en invierno	zimą	['ʒimɔ̃]

mes (m)	miesiąc (m)	['meɕɔ̃ts]
estación (f)	sezon (m)	['sɛzɔn]
año (m)	rok (m)	[rɔk]

2. Números. Los numerales

cero	zero	['zɛrɔ]
uno	jeden	['edɛn]
dos	dwa	[dva]
tres	trzy	[tʃi]
cuatro	cztery	['tʃtɛri]

cinco	pięć	[pɛ̃tʃ]
seis	sześć	[ʃɛɕtʃ]
siete	siedem	['ɕedɛm]
ocho	osiem	['ɔɕem]
nueve	dziewięć	['dʒevɛ̃tʃ]
diez	dziesięć	['dʒeɕɛ̃tʃ]

once	jedenaście	[edɛ'naɕtʃe]
doce	dwanaście	[dva'naɕtʃe]
trece	trzynaście	[tʃi'naɕtʃe]
catorce	czternaście	[tʃtɛr'naɕtʃe]
quince	piętnaście	[pɛ̃t'naɕtʃe]

dieciséis	szesnaście	[ʃɛs'naɕtʃe]
diecisiete	siedemnaście	[ɕedɛm'naɕtʃe]
dieciocho	osiemnaście	[ɔɕem'naɕtʃe]
diecinueve	dziewiętnaście	[dʒevɛ̃t'naɕtʃe]

veinte	dwadzieścia	[dva'dʒeɕtʃa]
treinta	trzydzieści	[tʃi'dʒeɕtʃi]
cuarenta	czterdzieści	[tʃtɛr'dʒeɕtʃi]
cincuenta	pięćdziesiąt	[pɛ̃'dʒeɕɔ̃t]

sesenta	sześćdziesiąt	[ʃɛɕ'dʒeɕɔ̃t]
setenta	siedemdziesiąt	[ɕedɛm'dʒeɕɔ̃t]
ochenta	osiemdziesiąt	[ɔɕem'dʒeɕɔ̃t]
noventa	dziewięćdziesiąt	[dʒevɛ̃'dʒeɕɔ̃t]
cien	sto	[stɔ]

doscientos	dwieście	['dveɕtʃe]
trescientos	trzysta	['tʃista]
cuatrocientos	czterysta	['tʃtɛrista]
quinientos	pięćset	['pɛ̃tʃsɛt]

seiscientos	sześćset	['ʃɛɕtʃsɛt]
setecientos	siedemset	['ɕedɛmsɛt]
ochocientos	osiemset	[ɔ'ɕemsɛt]
novecientos	dziewięćset	['dʒevɛ̃tʃsɛt]
mil	tysiąc	['tiɕɔ̃ts]

| diez mil | dziesięć tysięcy | ['dʒeɕɛ̃tʃ ti'ɕentɕi] |
| cien mil | sto tysięcy | [stɔ ti'ɕentɕi] |

| millón (m) | milion | ['miʎjon] |
| mil millones | miliard | ['miʎjart] |

3. El ser humano. Los familiares

hombre (m) (varón)	mężczyzna (m)	[mɛ̃ʃt'ʃizna]
joven (m)	młodzieniec (m)	[mwɔ'dʒenets]
mujer (f)	kobieta (ż)	[kɔ'beta]
muchacha (f)	dziewczyna (ż)	[dʒeft'ʃina]
anciano (m)	staruszek (m)	[sta'ruʃɛk]
anciana (f)	staruszka (ż)	[sta'ruʃka]

madre (f)	matka (ż)	['matka]
padre (m)	ojciec (m)	['ɔjtʃets]
hijo (m)	syn (m)	[sin]
hija (f)	córka (ż)	['tsurka]
hermano (m)	brat (m)	[brat]
hermana (f)	siostra (ż)	['ɕɔstra]

padres (pl)	rodzice (l.mn.)	[rɔ'dʒitsɛ]
niño -a (m, f)	dziecko (n)	['dʒetskɔ]
niños (pl)	dzieci (l.mn.)	['dʒetʃi]
madrastra (f)	macocha (ż)	[ma'tsɔha]
padrastro (m)	ojczym (m)	['ɔjtʃim]

abuela (f)	babcia (ż)	['babtʃa]
abuelo (m)	dziadek (m)	['dʒʲadɛk]
nieto (m)	wnuk (m)	[vnuk]
nieta (f)	wnuczka (ż)	['vnutʃka]
nietos (pl)	wnuki (l.mn.)	['vnuki]
tío (m)	wujek (m)	['vuek]
tía (f)	ciocia (ż)	['tʃɔtʃa]
sobrino (m)	bratanek (m), siostrzeniec (m)	[bra'tanɛk], [sɔst'ʃɛnets]
sobrina (f)	bratanica (ż), siostrzenica (ż)	[brata'nitsa], [sɔst'ʃɛnitsa]

mujer (f)	żona (ż)	['ʒɔna]
marido (m)	mąż (m)	[mɔ̃ʃ]
casado (adj)	żonaty	[ʒɔ'nati]
casada (adj)	zamężna	[za'mɛnʒna]
viuda (f)	wdowa (ż)	['vdɔva]
viudo (m)	wdowiec (m)	['vdɔvets]

| nombre (m) | imię (n) | ['imɛ̃] |
| apellido (m) | nazwisko (n) | [naz'viskɔ] |

pariente (m)	krewny (m)	['krɛvnʲi]
amigo (m)	przyjaciel (m)	[pʃʲi'jatʃeʎ]
amistad (f)	przyjaźń (ż)	['pʃʲijazʲɲ]

compañero (m)	partner (m)	['partnɛr]
superior (m)	kierownik (m)	[ke'rɔvnik]
colega (m, f)	koleżanka (ż)	[kɔle'ʒaŋka]
vecinos (pl)	sąsiedzi (l.mn.)	[sɔ̃'ɕedʒi]

4. El cuerpo. La anatomía humana

cuerpo (m)	ciało (n)	['tɕawɔ]
corazón (m)	serce (n)	['sɛrtsɛ]
sangre (f)	krew (ż)	[krɛf]
cerebro (m)	mózg (m)	[musk]

hueso (m)	kość (ż)	[kɔɕtʃ]
columna (f) vertebral	kręgosłup (m)	[krɛ̃'gɔswup]
costilla (f)	żebro (n)	['ʒɛbrɔ]
pulmones (m pl)	płuca (l.mn.)	['pwutsa]
piel (f)	skóra (ż)	['skura]

cabeza (f)	głowa (ż)	['gwɔva]
cara (f)	twarz (ż)	[tfaʃ]
nariz (f)	nos (m)	[nɔs]
frente (f)	czoło (n)	['tʃɔwɔ]
mejilla (f)	policzek (m)	[pɔ'litʃɛk]

boca (f)	usta (l.mn.)	['usta]
lengua (f)	język (m)	['enzik]
diente (m)	ząb (m)	[zɔ̃mp]
labios (m pl)	wargi (l.mn.)	['vargi]
mentón (m)	podbródek (m)	[pɔdb'rudek]

oreja (f)	ucho (n)	['uhɔ]
cuello (m)	szyja (ż)	['ʃija]
ojo (m)	oko (n)	['ɔkɔ]
pupila (f)	źrenica (ż)	[zʲre'nitsa]
ceja (f)	brew (ż)	[brɛf]
pestaña (f)	rzęsy (l.mn.)	['ʒɛnsʲi]

pelo, cabello (m)	włosy (l.mn.)	['vwɔsi]
peinado (m)	fryzura (ż)	[fri'zura]
bigote (m)	wąsy (l.mn.)	['võsi]
barba (f)	broda (ż)	['brɔda]
tener (~ la barba)	nosić	['nɔɕit͡ʃ]
calvo (adj)	łysy	['wisi]

mano (f)	dłoń (ż)	[dwɔɲ]
brazo (m)	ręka (ż)	['rɛŋka]
dedo (m)	palec (m)	['palets]
uña (f)	paznokieć (m)	[paz'nɔket͡ʃ]
palma (f)	dłoń (ż)	[dwɔɲ]

hombro (m)	ramię (n)	['ramɛ̃]
pierna (f)	noga (ż)	['nɔga]
rodilla (f)	kolano (n)	[kɔ'ʎanɔ]
talón (m)	pięta (ż)	['pɛnta]
espalda (f)	plecy (l.mn.)	['pletsi]

5. La ropa. Accesorios personales

ropa (f)	odzież (ż)	['ɔd͡ʒeʃ]
abrigo (m)	palto (n)	['paʎtɔ]
abrigo (m) de piel	futro (n)	['futrɔ]
cazadora (f)	kurtka (ż)	['kurtka]
impermeable (m)	płaszcz (m)	[pwaʃt͡ʃ]

camisa (f)	koszula (ż)	[kɔ'ʃuʎa]
pantalones (m pl)	spodnie (l.mn.)	['spɔdne]
chaqueta (f), saco (m)	marynarka (ż)	[mari'narka]
traje (m)	garnitur (m)	[gar'nitur]

vestido (m)	sukienka (ż)	[su'keŋka]
falda (f)	spódnica (ż)	[spud'nitsa]
camiseta (f) (T-shirt)	koszulka (ż)	[kɔ'ʃuʎka]
bata (f) de baño	szlafrok (m)	['ʃʎafrɔk]
pijama (m)	pidżama (ż)	[pi'd͡ʒama]
ropa (f) de trabajo	ubranie (n) robocze	[ub'rane rɔ'bɔt͡ʃɛ]

ropa (f) interior	bielizna (ż)	[be'lizna]
calcetines (m pl)	skarpety (l.mn.)	[skar'pɛti]
sostén (m)	biustonosz (m)	[bys'tɔnɔʃ]
pantimedias (f pl)	rajstopy (l.mn.)	[rajs'tɔpi]
medias (f pl)	pończochy (l.mn.)	[pɔɲt'ʃɔhi]
traje (m) de baño	kostium (m) kąpielowy	['kɔstʲjum kɔ̃pelɔvi]

gorro (m)	czapka (ż)	['t͡ʃapka]
calzado (m)	obuwie (n)	[ɔ'buve]
botas (f pl) altas	kozaki (l.mn.)	[kɔ'zaki]
tacón (m)	obcas (m)	['ɔbtsas]

cordón (m)	sznurowadło (n)	[ʃnurɔ'vadwɔ]
betún (m)	pasta (ż) do butów	['pasta dɔ 'butuʃ]

guantes (m pl)	rękawiczki (l.mn.)	[rɛ̃ka'vitʃki]
manoplas (f pl)	rękawiczki (l.mn.)	[rɛ̃ka'vitʃki]
bufanda (f)	szalik (m)	['ʃalik]
gafas (f pl)	okulary (l.mn.)	[ɔku'ʎari]
paraguas (m)	parasol (m)	[pa'rasɔʎ]

corbata (f)	krawat (m)	['kravat]
moquero (m)	chusteczka (ż) do nosa	[hus'tɛtʃka dɔ 'nɔsa]
peine (m)	grzebień (m)	['gʒɛbeɲ]
cepillo (m) de pelo	szczotka (ż) do włosów	['ʃtʃɔtka dɔ 'vwɔsuv]

hebilla (f)	sprzączka (ż)	['spʃɔ̃tʃka]
cinturón (m)	pasek (m)	['pasɛk]
bolso (m)	torebka (ż)	[tɔ'rɛpka]

6. La casa. El apartamento

apartamento (m)	mieszkanie (n)	[meʃ'kane]
habitación (f)	pokój (m)	['pɔkuj]
dormitorio (m)	sypialnia (ż)	[sɨ'pʲaʎɲa]
comedor (m)	jadalnia (ż)	[ja'daʎɲa]

salón (m)	salon (m)	['salɔn]
despacho (m)	gabinet (m)	[ga'binɛt]
antecámara (f)	przedpokój (m)	[pʃɛt'pɔkuj]
cuarto (m) de baño	łazienka (ż)	[wa'ʒeŋka]
servicio (m)	toaleta (ż)	[tɔa'leta]

aspirador (m), aspiradora (f)	odkurzacz (m)	[ɔt'kuʒatʃ]
fregona (f)	szczotka (ż) podłogowa	['ʃtʃɔtka pɔdwɔ'gɔva]
trapo (m)	ścierka (ż)	['ɕtʃerka]
escoba (f)	miotła (ż)	['mɔtwa]
cogedor (m)	szufelka (ż)	[ʃu'fɛʎka]

muebles (m pl)	meble (l.mn.)	['mɛble]
mesa (f)	stół (m)	[stɔw]
silla (f)	krzesło (n)	['kʃɛswɔ]
sillón (m)	fotel (m)	['fɔtɛʎ]

espejo (m)	lustro (n)	['lystrɔ]
tapiz (m)	dywan (m)	['divan]
chimenea (f)	kominek (m)	[kɔ'minɛk]
cortinas (f pl)	zasłony (l.mn.)	[zas'wɔni]
lámpara (f) de mesa	lampka (ż) na stół	['ʎampka na stɔw]
lámpara (f) de araña	żyrandol (m)	[ʒɨ'randɔʎ]
cocina (f)	kuchnia (ż)	['kuhɲa]
cocina (f) de gas	kuchenka (ż) gazowa	[ku'hɛŋka ga'zɔva]

cocina (f) eléctrica	kuchenka (ż) elektryczna	[ku'hɛŋka ɛlekt'ritʃna]
horno (m) microondas	mikrofalówka (ż)	[mikrɔfa'lyfka]
frigorífico (m)	lodówka (ż)	[lɜ'dufka]
congelador (m)	zamrażarka (ż)	[zamra'ʒarka]
lavavajillas (m)	zmywarka (ż) do naczyń	[zmi'varka dɔ 'natʃiɲ]
grifo (m)	kran (m)	[kran]
picadora (f) de carne	maszynka (ż) do mięsa	[ma'ʃiŋka dɔ 'mensa]
exprimidor (m)	sokowirówka (ż)	[sɔkɔvi'rufka]
tostador (m)	toster (m)	['tɔstɛr]
batidora (f)	mikser (m)	['miksɛr]
cafetera (f) (aparato de cocina)	ekspres (m) do kawy	['ɛksprɛs dɔ 'kavi]
hervidor (m) de agua	czajnik (m)	['tʃajnik]
tetera (f)	czajniczek (m)	[tʃaj'nitʃɛk]
televisor (m)	telewizor (m)	[tɛle'vizɔr]
vídeo (m)	magnetowid (m)	[magnɛ'tɔvid]
plancha (f)	żelazko (n)	[ʒɛ'ʎaskɔ]
teléfono (m)	telefon (m)	[tɛ'lefɔn]